Wilhelm Eberhard

Ludwig III., Kurfürst von der Pfalz

und das Reich 1410-1427

Wilhelm Eberhard

Ludwig III., Kurfürst von der Pfalz
und das Reich 1410-1427

ISBN/EAN: 9783743372009

Hergestellt in Europa, USA, Kanada, Australien, Japan

Cover: Foto ©ninafisch / pixelio.de

Manufactured and distributed by brebook publishing software (www.brebook.com)

Wilhelm Eberhard

Ludwig III., Kurfürst von der Pfalz

LUDWIG III.

Kurfürst von der Pfalz

und das Reich
1410—1427.

I. Teil: 1410—1414.

Inaugural-Dissertation zur Erlangung der Doktorwürde

der

Hohen philosophischen Fakultät der Ludwigs-Universität

zu Giessen

vorgelegt von

Wilhelm Eberhard

aus Köln am Rhein.

GIESSEN

J. Ricker'sche Buchhandlung

1895.

Referent: **Prof. Höhlbaum.**

Tag der mündlichen Prüfung: 8. März 1895.

Die nachfolgende Dissertation bildet den ersten Teil einer der Fakultät vorgelegten Arbeit, die unter dem Titel: „Ludwig III., Kurfürst von der Pfalz und das Reich, 1410—1427, ein Beitrag zur Deutschen Reichsgeschichte unter König Sigmund", im Verlag der J. Ricker'schen Buchhandlung in Giessen erscheint.

Die Anregung zu der vorliegenden Arbeit verdanke ich Herrn Professor Dr. Höhlbaum. Auch hat er mir während ihres Entstehens seinen Rat in der freundlichsten Weise und im reichsten Mass zu teil werden lassen. Hierfür erlaube ich mir, ihm auch an dieser Stelle meinen herzlichsten Dank auszusprechen.

Eine systematische Nachforschung in den Archiven vorzunehmen, wie es der Versuch, ein Gesamtbild von der Reichspolitik eines Kurfürsten darzustellen, wohl erfordert hätte, bin ich leider nicht in der Lage gewesen. Im wesentlichen habe ich mich darauf beschränken müssen, die zahlreichen Dokumenten-Publikationen heranzuziehen. Nur an einzelnen — wie es mir schien — wichtigen Stellen habe ich Archivalien verwerten können. Dabei wurde mir das grösste Entgegenkommen von seiten der Verwaltungen der verschiedenen Archive bewiesen. Es waren dies das kaiserl. und kgl. Haus-, Hof- und Staatsarchiv in Wien, das kgl. bayerische allgemeine Reichsarchiv München, die kgl. bayer. Kreisarchive Amberg, Bamberg und Speier und das fürstlich leiningische Archiv zu Amorbach. Ihnen allen, besonders der Direktion der beiden letzteren und des kgl. bayerischen allgemeinen Reichsarchivs München sage ich für ihre gütige Unterstützung meinen wärmsten Dank. Ebenso danke ich auf das herzlichste Herrn Oberbibliothekar Dr. Haupt für sein ausserordentlich freundliches Entgegenkommen.

Einleitung.

Durch die goldene Bulle war in Deutschland innerhalb der aristokratischen Verfassung, vor der sich seit dem Staufer Friedrich II. die monarchische Gewalt hatte zurückziehen müssen, die Reichsregierung thatsächlich und vornehmlich in die Hände der Fürsten-Oligarchie gelegt.

Noch bestand wohl eine monarchische Repräsentation, das Königtum mit dem Anspruch auf das Kaisertum. Allein dieses Königtum war um das Jahr 1400 schon sehr weit davon entfernt, die Einheit der Nation noch wirklich zu vertreten. Der Kern der goldenen Bulle ist bekanntlich darin zu finden, dass ihr zufolge das Reich als Ganzes im Grunde auf dem Kurfürstentum beruht, auf der Genossenschaft der Kurfürsten. Nur soweit vermag dann das Königtum als leitender Faktor in dem Gesamtleben des Staates zu bestehen, als es sich fähig erweist, seine Stellung gegenüber dem Kurfürstentum abzugrenzen, dieses zu führen. Wie aber wird diese Aufgabe ihm erschwert, die Vertretung des Reiches und der Nation, wenn es sich von dem Mittelpunkte des Reichslebens immer weiter entfernt.

Kaiser Karl IV. schlug seinen Sitz in Böhmen auf. König Wenzel war ein deutscher König und draussen gefangen, ohne dass man es in Deutschland erfuhr. König Ruprecht hat das Ansehen eines allgemeinen deutschen Königs überhaupt nicht gewonnen. König Sigmund endlich hat zwar die Rolle eines Repräsentanten der christlichen Welt zu spielen gestrebt, doch in Wahrheit ist sein ganzes Trachten von seinen besonderen böhmisch-ungarischen Angelegenheiten geleitet gewesen. Jahrelang hat er sich in Deutschland nicht gezeigt.

Demgegenüber hat das Reich einer anderen Leitung bedurft. Schon nach den Grundsätzen der geltenden Verfassung hat sie dem Kurfürstentum zufallen müssen. Für den Fortgang der staatlichen Entwicklung, des politischen Lebens ist es von der grössten Bedeutung gewesen, welche Persönlichkeiten jedesmal diese kurfürstliche Genossenschaft gebildet haben.

Wenn man eine Umschau hält, nimmt man wahr, wie bei den Kurfürsten ihre territorialen Interessen vor denen des Gesamtreichs durchaus den Vorrang gewonnen haben. Keiner kann als eine Ausnahme gelten. In den Tagen König Sigmunds, bei denen diese Abhandlung stehen bleiben will, haben wenigstens zwei von den weltlichen Kurfürsten im Zusammenhang mit ihren territorialen Bestrebungen intensiver sich der Reichspolitik gewidmet, in Verbindung mit ihnen, allein doch auch nach der Richtschnur, die sie ihnen dabei gegeben haben: Kurfürst Friedrich I. von Brandenburg und Kurfürst Ludwig III. von der Pfalz.

Von ihnen ist bisher als aktiver Teilnehmer an der Reichspolitik allein der Brandenburger gewürdigt worden, vielleicht allzusehr[1]). Erst Lenz[2]), dann Brandenburg[3]) und Lindner[4]) haben betont, dass auch der Pfälzer eine grosse Rolle gespielt habe. Näher ist dieses nicht ausgeführt, im einzelnen nicht begründet worden. Dies zu thun, ist die Aufgabe vorliegender Arbeit.

[1]) Besonders von O. Franklin, Die Deutsche Politik Friedrichs I., Kurfürsten von Brandenburg (1851); J. G. Droysen, Gesch. der Preussischen Politik, II. Aufl. (1868), Bd. I; A. F. Riedel, Zehn Jahre aus der Gesch. der Ahnherren des Preussischen Königshauses (1851) und Gesch. des Preussischen Königshauses, Bd. II (1861). Einen kurzen Überblick ihrer Ansichten giebt Brandenburg (s. Anm. 3), S. 2—4.

[2]) Max Lenz, König Sigmund und Heinrich der Fünfte von England (1874).

[3]) Erich Brandenburg, König Sigmund und Kurfürst Friedrich I. von Brandenburg (1891).

[4]) Th. Lindner, Deutsche Gesch. unter den Habsburgern und Luxemburgern Bd. II (1893).

Erster Abschnitt.

Ludwigs Reichspolitik im Anschluss an König Sigmund.

I.
Ludwigs Einfluss auf Sigmunds Wahl zum römischen König.

Pfalzgraf Ludwig III.[1]) war der älteste der bei dem Tode ihres Vaters, König Ruprechts, noch lebenden Söhne. Er war schon längst im Reich bekannt und nahm eine angesehene Stellung ein[2]), als er 34-jährig am 18. Mai 1410 die pfälzische Kurlande antrat. Gemäss der goldenen Bulle übernahm er auch, da mit seines Vaters Tod zugleich das Reich erledigt war, sofort das Reichsvikariat[3]).

Schon zwei Jahre zuvor hatten Vater und Sohn für diesen Fall Vorkehrungen getroffen. In einem mit Strassburg und

---

[1]) Bei Ludwig Häusser, Gesch. der Rheinischen Pfalz, Bd. I. (II. Ausg. 1856), S. 263—299, ist nur die territoriale Thätigkeit skizziert, die Reichspolitik des Kurfürsten dagegen fast gar nicht berücksichtigt. Das Material dazu ist durch die von Kerler herausgegebenen Bände der Reichstagsakten (D. R. A.) wesentlich vermehrt worden.

[2]) So hatte er die oberste Leitung in dem Krieg, in den Ruprecht infolge seiner Königswahl 1401 mit König Wenzel verwickelt worden war (s. darüber K. Höfler, Ruprecht von der Pfalz, S. 201; Fr. Palacky, Gesch. v. Böhmen III, 1, S. 129 und D. R. A. IV. Str. 11), vertrat seinen Vater während dessen Römerzug vom Herbst 1401 bis Frühjahr 1402 als Verweser in der Pfalzgrafschaft und als Reichsvikar in Deutschland und seit 1408 war er Reichslandvogt von Elsass.

[3]) G. Kupke, Das Reichsvikariat und die Stellung des Pfalzgrafen bei Rhein bis zu Sigmunds Zeit (1891), beschränkt sich einfach auf die Angabe dieser Thatsache.

den elf Reichsstädten des Elsasses auf fünfzehn Jahre geschlossenen Vertrag[1]) war ihnen von den Städten gelobt worden, für den Fall, dass der König während dieser Zeit mit Tod abginge, jeden Widerstand gegen das Vikariat Ludwigs, das ihm kraft der goldenen Bulle zustände, mit aller Macht zu bekämpfen.[2]) Nach diesem Reichsgesetz stand bekanntlich während einer Erledigung des Throns für die Lande fränkischen Rechts, am Rhein und in Schwaben, das Verweseramt dem Pfalzgrafen zu, also für West- und Süddeutschland, während für die Gebiete sächsischen Rechts dem Kurfürsten von Sachsen das Vikariatsrecht zugesprochen war.

Unmittelbar nach dem Hinscheiden des Vaters hat der Pfalzgraf seinerseits sein Recht in der That sofort zur Geltung gebracht. Schon in einem Schreiben vom 25. Mai an die Stadt Nördlingen nennt er sich „furseher in den landen des Rynes zu Swaben und des Frenckischen rechten"[3]) und am 27. bestätigt er als solcher die Freiheiten der Stadt Lindenfels.[4]) An die einzelnen Städte liess er die Aufforderung ergehen, ihn als Reichsverweser anzuerkennen. Am 13. Juni hat er dasselbe auf Grund jener Bestimmungen der goldenen Bulle dem Rat zu Frankfurt vortragen lassen.[5]) Vom schwäbischen Städtebund wurde ihm wirklich die Anerkennung ungesäumt zuteil.[6]) Nürnberg zögerte mit einer bindenden Erklärung, indem es ein gemeinsames Vorgehen mit Ulm und Nördlingen

---

[1]) Dat. Hagenau 1408, April 5., D. R. A. VI 188, § 28.
[2]) Nach Max G. Schmidt, die staatsrechtliche Anwendung der Goldenen Bulle bis zum Tode König Sigmunds (Halle 1894), S. 50 soll Strassburg versprochen haben, mit aller Macht dahin zu wirken, dass Ludwig allgemein als Reichsverweser anerkannt würde, doch steht davon in dieser Vertragsurkunde nichts.
[3]) D. R. A. VII, 1.
[4]) Scriba, Regesten zur Landes- und Ortsgesch. des Grossherzogtums Hessen, Abteilung Starkenburg, No. 1454.
[5]) D. R. A. VII, 2, dat. Heidelberg 1410, Juni 13., ist Ludwigs Beglaubigungsschreiben für seine Abgesandten und D. R. A. VII, 3, dat. Frankfurt 1410, Juni 19., der Bericht des Frankfurter Rats über das Begehren desselben.
[6]) Am 7. Juli teilten es die Gesandten des Bundes in Heidelberg Ludwig mit; D. R. A. VII, 4.

herbeizuführen suchte¹); indessen stand der Rat nicht an, den Pfalzgrafen ohne weiteres mit dem Titel eines „furseher in den landen des Reins zu Swaben und des Frenckischen rechten"²) anzureden. Ob auch andere Ludwigs Ansinnen entsprachen, wissen wir nicht; auch von Frankfurt steht es nicht fest; doch fehlt uns wohl nur eine bestimmte Kunde hiervon. Bei früherer Gelegenheit, im Winter 1401 auf 1402, während der Abwesenheit seines Vaters in Italien, hatte Ludwig in dessen Auftrag als Vikar im ganzen Reich, in Germanien, Gallien und dem Arelatensischen Königreich gewaltet,³) später einmal, 1422, beanspruchte er ebenfalls das dem Mainzer Erzbischof für das ganze Reich übertragene Vikariatsrecht.⁴) Jetzt aber, bei der Erledigung des Throns ist er nicht über die gesetzliche Vorschrift der goldenen Bulle hinausgegangen. Zwar sieht der schwäbische Städtebund in ihm ganz allgemein „einen furseher des richs," doch nennt er sich selbst, auch in seinem Schreiben an das Bundesmitglied Nördlingen und sonst stets⁵) nur einen „furseher in den landen des Rines, zu Swaben und des Frenckischen rechten," genau im Anschluss an die goldene Bulle, während in den anderen beiden Fällen das weitere Vikariatsrecht vom König ausdrücklich übertragen werden musste.

Inzwischen hatte der Erzbischof von Mainz die Kurfürsten zur Königswahl nach Frankfurt geladen. Die drei östlichen hielten an König Wenzel fest, achteten also nicht auf die Ladung. Aber auch die rheinischen waren unter sich gespalten, Erzbischof Johann von Mainz mit Kurfürst Friedrich von Köln auf der einen, der Pfalzgraf mit Erzbischof Werner von Trier auf der anderen Seite.

Schon Ludwigs Vater Ruprecht war als König, bald nachdem er die Krone errungen, in schwere Konflikte mit

---

¹) Dat. 1410, Juli 18.; D. R. A. VII, 5.
²) Dat. 1410, Juli 16.; D. R. A. VII, S. 16, Anm. 2.
³) Hierzu hatte ihn Ruprecht ernannt; dat. Augsburg 1401, Sept. 18.; D. R. A. V, 2.
⁴) S. unten, Abschnitt II, Kap. III.
⁵) So D. R. A. VII, 2, Pareus, Historia Bavaria Palatina, S. 95, Zeitschrift für Gesch. des Oberrheins XXII, 205; Urkundenbuch der Stadt Lübeck V, 337.

dem herrschsüchtigen Mainzer Erzbischof geraten, Konflikte welche zum Marbacher Bund geführt hatten und auch späterhin nie völlig beseitigt worden waren. Im Gegenteil, in Ruprechts letzten Tagen war durch das Schisma und das Pisaner Konzil der Gegensatz nur noch von neuem verschärft worden; Ruprecht und seine Söhne blieben Papst Gregor XII. treu, während Erzbischof Johann sich für den Konzilspapst Alexander V. und dessen Nachfolger Johann XXIII. erklärte. Die Feindschaft erreichte bald eine solche Höhe, dass man sich bereits anschickte, zu den Waffen zu greifen: am 24. Juni sollten die Verbündeten [1]) des Königs den Erzbischof angreifen [2]).

Nur durch Ruprechts plötzlichen Tod ward der Krieg verhütet. Aber auch jetzt behielt Papst Gregor seinen Anhang in der Pfalz. Mit der Erbschaft des Vaters übernahm Ludwig auch diese Traditionen, denen er schon zu dessen Lebzeiten gehuldigt. Papst Gregor zeigte er sogleich seines Vaters Abscheiden an, [3]) was mit einem herzlichen Kondolenzschreiben beantwortet wurde [4]); der Papst gab hier der Zuversicht Ausdruck, dass Ludwig in die Fusstapfen seines Vaters, des „Verteidigers der Kirche", eintreten werde [5]). Bald danach hat Ludwig abermals eine Gesandtschaft an Gregor abgeordnet [6])

---

[1]) 4. März 1410 hatte Ruprecht in Marburg mit einigen Fürsten einen Bund geschlossen. D. R. A. VI, 403—405. Über eine grosse gegen den Erzbischof gerichtete Coalition berichtet auch Reinhold Slecht, Fortsetzg. der Flores temporum, hg. von R. Fester in Zft. f. Gesch. des Oberrh. Neue Folge IX (1894) S. 98 ff.

[2]) D. R. A. VI, 404.

[3]) Dies ersehen wir aus dem Anfang von Gregors Antwortschreiben.

[4]) Dat. Gaiete pontificatus nostri anno quarto (also 1410; 1414 bei Finke ist wohl nur ein Druckfehler) Juli 7.; H. Finke, Forschungen und Quellen zur Gesch. des Konstanzer Konzils (1889) S. 308 ff.

[5]) Am Schluss heisst es hier: „Utque ad id, si ferventius dari potest, intentius inducamur, in cunctis paterni luminis, claritatis et cunctarum virtutum bonorumque facies te capacem, ut sic, quod scribitur, dicere valeamus: Mortuus est pater et quasi non est mortuus, similem enim, sibi reliquit post se."

[6]) Am 1. August beglaubigte die Universität Heidelberg bei Gregor den Gesandten Ludwigs, Magister Heinrich von Gulpen, auch in ihren Angelegenheiten. Urkundenbuch der Universität Heidelberg,

Doch sind wir über deren Auftrag nicht näher unterrichtet. Ueberall, besonders in seinen Landen, verfolgte er die Anhänger des Pisaner Konzils mit aller Entschiedenheit. Unter Anwendung einschneidender Mittel, wie es scheint, war er bestrebt, die Gegner auf die Seite des Papstes, der für ihn allein der Papst war, herüberzuziehen [1]).

Auch die übrigen Anhänger Gregors in Deutschland harrten aus. Es waren dies besonders der Bischof von Worms, der Bischof von Speier, Raban, der mit der notwendigen Teilung der Lande nach dem Tode Ruprechts betraut worden war [2]) und stets mit dem Pfalzgrafen Ludwig fest zusammenhielt; der Erzbischof von Trier, Werner von Falkenstein, ein alter treuer Verbündeter der Pfalzgrafen, und endlich die Fürsten, die kurz vor Ruprechts Tod mit diesem und seinen vier Söhnen Ludwig, Johann, Stephan und Otto das Bündnis für Gregor und gegen den Mainzer Erzbischof eingegangen waren, die Herzöge Heinrich, Erich und Bernhard von Braunschweig und Landgraf Hermann von Hessen [3]).

Alle diese Herren standen auch auf Ludwigs Seite, ausser ihnen noch besonders Graf Eberhard von Württemberg; mit ihm und seinem Sohn Eberhard befand sich Ludwig schon seit 1408 in einem Bündnis [4]). Auch stand er im Bund mit

---

hg. von Winkelmann, I, 68. Die Jahreszahl fehlt; nur Heidelberg, August 1. lautet das Datum. Doch ist wohl unzweifelhaft das Jahr 1410 anzunehmen, da Ludwig auf jenes Kondolenzschreiben und die darin gegebene Aufforderung, für das Wohl der Kirche einzutreten, sicher dem Papst geantwortet hat.

[1]) Joannis Staindelii Chronicon bei Oefele, Scriptores rerum Boicarum I, p. 528: „Mortuo igitur Ruperto filii eius constanter in obedientia Gregorii sicut et pater eorum perseverant. Unde omnes sub eorum dominio, ut obediant Gregorio et non Joanni, potenter compelluntur. Nolentes vero obedire beneficiis privantur, eadem aliis conferendo."

[2]) S. unten S. 27, Anm. 1.

[3]) D. R. A. II, 403—405.

[4]) Dieses war 1408 Sept. 2. zu Asberg von König Ruprecht und seinen vier Söhnen bis 11. Nov. 1412 geschlossen worden; D. R. A. VI, 190. Ludwig nahm in diesem, hauptsächlich gegen den Markgrafen von Baden gerichteten Bündnis, seine Einungen mit Strassburg, Basel, Speier und den elf elsässischen Reichsstädten aus.

den Reichsstädten Basel.[1]), Speier[2]), Strassburg und denen im Elsass[3]); ebenso hielten die schwäbischen Städte zu ihm, hatten sie doch auch sofort sein Reichsvikariat anerkannt. Doch war hiermit noch keineswegs ausgesprochen, dass diese Verbündeten auch hinsichtlich der Königswahl[4]) mit dem Pfalzgrafen ganz übereinstimmen würden. Von den Reichsstädten insbesondere wissen wir, dass ein grosser Teil von ihnen sein Augenmerk nicht auf Ludwigs Kandidaten, sondern auf einen Habsburger gerichtet hatte[5]).

Verlockend konnte der Besitz der Königskrone nach der Lage der Dinge nicht sein. Ludwig, den mächtigsten unter den Kurfürsten, gelüstete es wohl nicht nach der Last der Krone, die auf seinem Vater schwer gelegen hatte; er musste eingesehen haben, wie wenig Nutzen dieser von der Ehre gehabt hatte; auch musste er erkennen, dass seine Wahl bei der Feindschaft des Mainzer Erzbischofs gegen ihn im Vergleich zu den Luxemburgern unmöglich sei. Im Westen sind überhaupt keine Kronprätendenten und im Osten nur die Luxemburger aufgetreten.

Bisher hat, soweit wir sehen, die Ansicht geherrscht, dass man allgemein auch von vornherein nur an diese gedacht habe[6]). Man hat nicht beachtet, dass noch eine Partei bemüht gewesen ist, einen Ausländer auf den deutschen Königsthron zu bringen, einen englischen Prinzen.

Es steht jedoch fest, dass nach König Ruprechts Tod

---

[1]) Das Bündnis mit Basel ist nicht bekannt geworden, s. vor. Anm. und D. R. A. II, S. 257 Anm. 6.

[2]) Mit Speier hatte Ruprecht und zugleich wohl auch Ludwig 1408, März 5., sich verbündet; s. Chr. Lehmann, Chronica der freyen Reichsstadt Speier (1711), S. 788 ff.

[3]) Am 5. April 1408 hatten Ruprecht, Ludwig, Strassburg und elf elsässische Reichsstädte ein Bündnis auf 15 Jahre geschlossen, welches auch, wenn Ruprecht inzwischen stürbe weiter bestehen solle; D. R. A. VI, 188.

[4]) Die Quellen und Litteratur zu Sigmunds Wahl hat Brandenburg S. 6. Anm. 1, zusammengestellt; ausserdem s. Brandenburg, S. 6 bis 21 und Lindner II, 375—381.

[5]) S. Ad. Kaufmann. Die Wahl König Sigmunds zum römischen Könige (1879), S. 13. mit Anm. 25.

[6]) So auch noch Brandenburg S. 11

Graf Emich VI. von Leiningen den Raugrafen Cuno, Chorbischof zu Trier, an König Heinrich IV. nach England gesandt und ihn aufgefordert hat, angesichts der Thatsache, dass keiner der Söhne des verstorbenen Königs zum Nachfolger tauglich sei, für sich oder einen seiner Söhne um die römische Königskrone zu werben; er könne dabei auf einen grossen Anhang in Deutschland und auf seine Unterstützung rechnen.

Gleichzeitige diplomatische Schriftstücke hierüber haben wir zwar nicht, doch ein Prozess des Pfalzgrafen Ludwig mit Emich hat dies dreizehn Jahre später zu Tage gebracht[1]). Die eidliche Bestätigung des Vorgangs durch Cuno[2]) schliesst jeden Zweifel an der Wahrheit der Sache aus[3]). Versuchen wir, mit diesen wenigen Andeutungen der Frage näher zu kommen. Dass der Leininger aus sich allein heraus so gehandelt habe, ist ganz ausgeschlossen. Seine politischen Beziehungen müssen ihn zu seinem Vorgehen gezwungen haben.

Seit Ruprechts Königswahl hatte Emich, der damals schon 19 Jahre über Leiningen herrschte, eine ziemlich bedeutende Rolle gespielt. Er war sofort[4]) in des Königs Dienste getreten als Hausbofmeister und Kanzler und gehörte auch zu seinen „Heimlichen Räten". Als solcher machte er Ruprechts Zug nach Italien mit[5]), besorgte für ihn Geldgeschäfte der verschiedensten Art[6]), trat als Bürge für ihn ein[7]), begleitete ihn

---

[1]) In Gemeinschaft mit einer Menge streitiger Punkte kamen jene beleidigenden Worte Emichs über die Pfälzer und so der ganze Vorgang am 4. Dez. 1423 vor einem Edelmannengericht in Alzei zur Sprache; der Wahrspruch desselben von diesem Tage über obige Streitsache s. Beilage 1.

[2]) Dat. Trier 1423, Nov. 23., s. Beilage 2.

[3]) Es liegt nur noch eine Urkunde aus dem Jahre 1413 vor, wonach Cuno und Emich, welche wegen dieser Gesandtschaft nach England in Streit geraten waren, ausgesöhnt werden; Original im Fürstlich Leiningischen Hausarchiv zu Amorbach.

[4]) Schon 4. Sept. 1400 wird er als Ruprechts Rat nach Strassburg geschickt; D. R. A. III, S. 237, Anm. 1.

[5]) Frankfurt wandte sich wiederholt an ihn um Nachricht über den Feldzug; D. R. A. V, S. 244, Z. 36b und 247, Z. 41b, am 28. Jan. 1402 berichtete er der Stadt von Venedig aus. D. R. A. V, 248 Z. 25.

[6]) D. R. A. V, S. 216, Z. 22; 242, Z. 28b; 386, Z. 16.

[7]) D. R. A. V, S. 18, Z. 30 und 223, Z. 18.

auf die Reichstage¹). Doch dauerte dies enge Verhältnis nur wenige Jahre, bis 1404. Emich mag es gekränkt haben, dass Ruprecht 1403 nicht die Absetzung des Erzbischofs Werner von Trier erzwungen und seinen Bruder Joffrid von Leiningen auf den Trierer Erzbischofsstuhl gebracht hatte²). 1396 hatte Ruprecht samt seinem Vater auch Johann von Nassau gegen Joffrid bei der Bewerbung um das Mainzer Bistum unterstützt und so hatte dieser schon damals leer ausgehen müssen³).

Seitdem stand Emich in Diensten bei Erzbischof Friedrich von Köln⁴); in seinem Auftrag suchte er 1406 zwischen Ruprecht und dem Marbacher Bund zu vermitteln⁵). Auch nach Ruprechts Tod blieb er bei dem Erzbischof. In dessen Interesse wirkte er bei der neuen Königswahl als kurkölnischer Gesandter, sowohl 1410 als 1411⁶).

Beachten wir, dass der Kurfürst von Köln der Luxemburger Kandidatur für den deutschen Königsthron nur geringe Teilnahme gezeigt, dass er andererseits sehr enge Beziehungen zu England gehabt, sogar in einem Lehnsverhältnis zu König Heinrich IV. gestanden hat⁷), so wird die Vermutung nur allzu

---

¹) So nach Nürnberg August 1402 und Jan. 1403; D. R. A. V. S. 428, Z. 13 und 449, Z. 7.

²) D. R. A. V, S. 368 und 369.

³) S. über die pfälzische Haltung bei dem Mainzer Bistumsstreit 1896: die Regesten der Pfalzgrafen am Rhein 1214—1400, S. 343 ff. und Regesten der Markgrafen von Baden und Hachberg 1050—1515, S. 180 ff.

⁴) Im April 1405 und dann wieder Sept. 1407 vertrat er als Schiedsrichter Friedrichs Interessen; Günther, Codex diplomat. Rheno—Mosellanus IV, 17 und Lacomblet, Urkb. für die Gesch. des Niederrheins IV, 48.

⁵) D. R. A. II, S. 79, Z. 38.

⁶) Am 2. Sept. 1410 verlangte Emich von Frankfurt das dem Mainzer Erzbischof gegebene Versprechen, dass sein Herr zu der Wahl in die Stadt eingelassen und dort beschirmt werde; D. R. A. VII, S. 36, Z. 16. Als Dietrichs Bevollmächtigter verlangte er nach der zweiten Wahl Sigmunds 1411 Einlass in Frankfurt ohne Lager; D. R. A. VII, S. 154, Z. 10. Vergl. ferner D. R. A. VII, S. 113, Z. 21 und 115, Z. 19.

⁷) Dies zeigt eine mir von Herrn Prof. Höhlbaum gütigst mitgeteilte Urkunde aus dem Düsseldorfer Archiv „Kurköln Urkk. nr. 1385"

nahe gelegt, dass die Sendung Emichs von Leiningen nach England im Auftrag des Erzbischofs oder wenigstens in Uebereinstimmung mit ihm erfolgt sei. Diese Annahme gewinnt noch dadurch eine feste Stütze, dass der Ueberbringer, der Aufforderung Emichs an den englischen König ein angesehener geistlicher Würdenträger der Kölner Metropole war. Cuno, Raugraf von Bamberg, war Domherr und Propst zu St. Gereon in Köln. In diesem Falle würde der Anhang, dessen sich Emich gegenüber Heinrich IV. rühmt, die kurkölnische Partei gewesen sein.

Emich selbst befand sich ebenfalls seit längerer Zeit in Verbindung mit England.[1]) Wenn er nun in der deutschen Thronfrage einen Auftrag an den englischen König übernahm, so hat ihn ohne Frage die Absicht geleitet, die Wahl eines Pfälzers zu verhindern; unumwunden lässt er dem König berichten, dass von Ruprechts Söhnen keiner zum römischen König sich eigne. Diese Haltung entsprach seinen eigenen Interessen am besten, wie ihm durch die Erfahrung unter Ruprecht nahe gelegt war. Letzterer hatte die Landvogtei in Elsass, welche Emich seit 1394 besessen, 1408 seinem Sohne Ludwig übertragen und es erblich mit dem Pfalzgrafentum, verknüpft.[2]) Ob Emich auch noch persönliche Abneigungen

---

von 1416, Jan. 30. Hier bezieht sich Erzbischof Dietrich auf das Lehensverhältnis seines Vorgängers, Erzbischofs Friedrich, zu König Richard II. von England.

[1]) 1394 hatte er sich der Preussenfahrt angeschlossen, an welcher besonders Engländer teilnahmen, s. Chronik Wigands von Marburg, Scriptores rerum Prussiarum II, S. 652 ff. Bald darauf ging er sogar ein Bündnis mit König Richard ein: Die Urkunde im Fürstlich Leiningischen Archiv, dat. Frankfordie Maguntin. dioc a. d. millesimo trecentisimo . . . . . mensis Augusti. Da Emich hier als Landvogt von Elsass bezeichnet wird, was er erst seit Nov. 1394 war, so muss das Bündnis zwischen August 1395 und 1399, in welchem Jahr Richard im Sept. abgesetzt wurde, geschlossen worden sein; vielleicht waren einige Engländer aus Preussen über Frankfurt zurückgereist und hatten dort das Bündnis zu stande gebracht.

[2]) Dat. Heidelberg 1408, Mai 10., Chmel, Regesta Chr. dipl. Ruperti regis Romanorum 2561; König Ruprecht verschreibt Ludwig die Landvogtei auf Lebenszeit mit allen Einkünften gegen eine jährliche Abgabe von 2000 fl. an das Reich.

gegen Ludwig gehabt, ist nicht festzustellen, wohl kam er mit ihm alsbald in Konflikt, jedoch erst im Jahre 1411.¹)

Wie dem auch sein mag, Emichs Bemühungen sind ohne Erfolg geblieben. König Heinrich ging, vielleicht infolge seiner Freundschaft mit dem Pfalzgrafen, auf sein Anerbieten nicht ein.²) In Wirklichkeit sind also, wie gesagt, nur die Luxemburger für den deutschen Königsthron in Frage gekommen. Alle drei Vertreter des Hauses — Wenzel, Jost, Sigmund — trachteten nach der Krone;³) doch hat man ernstlich nur an Sigmunds Wahl denken können.

An ihn wandten sich beide rheinische Wahlparteien, — die kurkölnische wohl, nachdem sie den englischen König vergebens angegangen, — und traten mit ihm in Verhandlung, unabhängig von einander, durch besondere Botschaft und mit besonderen Bedingungen. Erzbischof Johann brach alsbald die Verhandlungen ab und bot Jost die Krone an, weil Sigmund auf seine Bedingungen nicht einging.⁴)

---

¹) Damals streifte er mit Graf Philipp von Eberstein umher und nahm einigen unter pfalzgräflichem Geleit ziehenden Handelsleuten eine grosse Anzahl Vieh weg; infolgedessen liess Ludwig ihnen nachjagen, sie gefangen setzen und erst gegen Zahlung eines hohen Lösegelds freigeben. J. G. Lehmann, Urkundl. Gesch. des Gräfl. Hauses Leiningen, S. 135 ff.

²) Ludwig erfuhr von diesem Vorgang jetzt noch nichts. Äusserlich stand er mit Emich zunächst auf gutem Fusse. So borgte letzterer 1412 von ihm 4000 Gulden und 1413 erneuerten beide die Austrägalconvention (s. Lehmann, S. 136 ff.). Durch Cuno kam die Sendung an den Tag; denn deshalb geriet dieser mit Emich in Differenzen, die 1413 geschlichtet wurden (Org. im Fürstl. Leining. Hausarchiv). Aber die für den Pfalzgrafen beleidigende Art des Auftretens von Emich hat er erst nach vielen Jahren erfahren, s. oben S. 13, Anm. 1.

³) Selbst an Wenzels Wahl dachte Erzbischof Johann wieder; s. Fr. Schroller, die Wahl Sigmunds zum römischen Könige, S. 18·

⁴) S. Kaufmann, S. 17—21, Quidde, König Sigmund und das deutsche Reich 1410—1413, Teil I, die Wahl Sigmunds, (1881) S. 20 ff. Brandenburg, Exkurs I, 203 ff. — Brandenburg gegenüber halten wir die Bedingung der Mainzer Partei, dass Sigmund als König keinen Reichsstatthalter ohne ihre Genehmigung ernennen dürfe, für einen der Gründe, aus denen Sigmund nicht mit ihr hat einig werden können, indem er gleich mit der pfälzischen Partei verhandeln wollte. Brandenburg meint, weil Sigmund 1411 diese Forderung dem Mainzer und

Glücklicher verliefen die Verhandlungen des Pfalzgrafen mit Sigmund. Gehen wir näher auf sie ein, so erkennen wir alsbald den starken Antheil, den Ludwig von der Pfalz schon an der Wahl Sigmunds gewonnen hat. Der Beginn dieser Verhandlungen ist nicht festzustellen, wir wissen aber, dass sie durch den Burggrafen Friedrich II. von Nürnberg vermittelt worden sind. Ein eifriger Anhänger König Ruprechts[1]), war der Burggraf aus pekuniären Rücksichten 1408, nachdem er seine Gemahlin und seine Räte dem Schutz des Königs empfohlen, in die Dienste Sigmunds getreten[2]). So war er besonders geeignet, zwischen Sigmund und Ludwig Vertrauensmann zu sein. Als solcher führte er für Sigmund, während dieser im Norden Ungarns weilte, die Unterhandlungen mit den kurpfälzischen und kurtrierischen Gesandten in Ofen und fertigte in seinem Namen die Urkunden der Verträge mit Ludwig und Werner am 5. und 6. August aus[3]). In ihnen[4]) verheisst König Sigmund von Ungarn dem

Kölner zugestanden habe, wo er doch die Majorität schon hatte und so deren Stimmen gar nicht mehr brauchte, habe sie 1410 nicht an dem Scheitern der Verhandlungen schuld sein können. Doch müssen wir bedenken, dass es 1411 Sigmund darauf ankam, allgemein, nicht nur von der Majorität Anerkennung in Deutschland als König zu finden und so aller Kurfürsten Stimmen noch nachträglich zu erhalten. Daher hat er Erzbischof Johann gegenüber nachgiebig sein müssen; er konnte es, da er von dem Pfälzer ja schon gewählt worden war; doch hätte er vor der ersten Wahl 1410 diese Bedingung der Mainzer Partei zugestanden, dann hätte er die pfälzische Partei nicht gewinnen können. Denn Kurfürst Ludwig beanspruchte das Reichsvikariat und erlangte es auch; er behielt es auch späterhin, trotz des Versprechens Sigmunds an die Erzbischöfe Johann und Friedrich 1411, ohne sie keinen Reichsvikar ernennen zu wollen; ohne diese zu fragen, ernannte er 1415 Ludwig wieder dazu und 1418 den Markgrafen von Brandenburg; und wie viel dem Pfalzgrafen daran lag, dass kein anderer Reichsvikar wurde, zeigte er künftighin wiederholt. Darum musste diese Forderung des Mainzers ebenso sehr wie diejenige, Ludwigs Partei solle zu Papst Johann XXIII. übertreten, eine Verhandlung Sigmunds mit beiden Parteien unmöglich machen.

[1]) S. Brandenburg, S. 6 und 7.
[2]) Brandenburg, S. 9.
[3]) Quidde, S. 31 und 82, und Brandenburg, S. 226 ff. (Exkurs II); den Einwendungen Brandenburgs gegen Quidde schliesse ich mich an.
[4]) Wir müssen auf diese Versprechungen auch deshalb genauer

Pfalzgrafen, falls er zum römischen König erwählt würde, alle Verleihungen und Regierungshandlungen seines Vorgängers, König Ruprechts, zu bestätigen, über die vor zehn Jahren vollzogene Parteiwahl hinwegzusehen, sie vielmehr als eine einhellige Wahl und das Königtum Ruprechts als ein allgemein anerkanntes gelten zu lassen[1]. Hiermit ist, abgesehen davon, dass Sigmund überhaupt als Thronbewerber auftrat, nachträglich und mittelbar auch die Absetzung König Wenzels noch von seiner Seite anerkannt worden.

Er verpflichtet sich ferner[2]) gegen den Kurfürsten Ludwig, 21 schwäbischen und elsässischen Reichsstädten alle ihre Rechte und Privilegien zu bestätigen, wenn anders sie ihm binnen eines halben Jahres nach der Wahl die Anerkennung als König nicht versagen. Es erhellt, dass der Pfalzgraf diese Bedingung gestellt hat, um die ihm verbündeten und befreundeten Städte sich von neuem zu verpflichten, sie noch fester an sich zu ketten und als Haupt einer starken Koalition auftreten zu können, deren Gewicht in die Wagschale fallen musste.

Weiter[3]) verspricht Sigmund ihm, als Pfalzgrafen und Kurfürsten alle „lehenschaft pfandschaffte und ampte" lassen und ihm alle Freiheiten, Gewohnheiten und Rechte und die Privilegien, Handfesten und Briefe darüber bestätigen zu wollen; im besonderen gelobt er ihm, zu belassen die Reichspfandschaften Oppenheim, Odernheim, beide Ingelheim, Winterheim, Schwabsberg, Nierstein, Daxheim und Kaiserslautern, die ihm Ruprecht für 10,000 Gulden verpfändet habe[4]); ferner

---

eingehen, weil sie in dem späteren Zerwürfnis zwischen König Sigmund und dem Pfalzgrafen eine grosse Rolle gespielt haben.

[1]) Dat. Ofen 1410, Aug. 5.; D. R. A. VII, 7; eine Originalausfertigung erhielt auch Werner.

[2]) Dat. ebenso; D. R. A. VII, 8.

[3]) Dat. ebenso; D. R. A. VII, 9.

[4]) Mit allen Nutzungen, Zöllen und Zubehör 1402, Aug. 23. als Pfand für das Heiratsgut Blankas von England, Ludwigs erster Gemahlin, das letzterer seinem Vater geliehen hatte; Chmel, Reg. 1282. Die nachträglichen Bestätigungen dieses Regierungsakts durch die drei geistlichen Kurfürsten s. Joannis, Chronicon rerum Moguntiacarum I, 721. Die Erlasse König Ruprechts an die Städte mit dem

Barr und die zugehörigen Dörfer, die Ludwig für 6000 Gulden gepfändet hatte[1]), und endlich die Schlösser und Städte Ortenberg, Offenburg, Gengenbach, Zell und Selz mit Zubehör, die ihm von seinem Vater für 40,000 Gulden verschrieben waren; für 17,000 davon will er ihm die Stadt Selz mit dem Zoll lassen, für 23,000 die Briefe und Pfandschaften der anderen Schlösser und Städte bestätigen[2]). Alle diese Zusagen versprach Sigmund nach seiner Krönung zum römischen König und abermals nach der Kaiserkrönung erneuern zu wollen[3]).

Besonders wichtig ist die weitere Konzession Sigmunds, dass er einer Anzahl von Fürsten, Grafen, Herren, Rittern, Stiftern und Klöstern ihre Lehen und Privilegien bestätigen will, unter der Bedingung, dass sie innerhalb eines Jahres nach der Annahme der Wahl ihm nicht abtrünnig werden[4]). Indem diese Zusage der anderen, die dem Kurfürsten für die schwäbischen und elsässischen Reichsstädte gemacht war, an die Seite trat, war sie geeignet, wie für den Pfalzgrafen so

---

Befehl, Ludwig zu huldigen und anderweitigen Erklärungen, sowie die urkundlichen Huldigungen der Städte s. Chmel 2268, 2320, 2385, 2345, 2560, 2725, 2764 und 2766 und Scriba, Regesten, Abt. Rheinhessen 3666.

[1]) Diese Reichsdörfer waren verpfändet gewesen; Ludwig brachte sie aber 1409 mit seines Vaters Einwilligung durch Einlösung als Reichspfandschaften an sich; 1409, Juni 5., Chmel 2765.

[2]) König Ruprecht gab, weil er früher zur Aussteuer seiner an den Herzog Friedrich von Österreich verheirateten Tochter Elisabeth einige pfälzische Erbländer hatte verpfänden müssen, diese Mitgift aber eigentlich durch das Reich hätte bestritten werden sollen, Ludwig am 4. April 1408 obige Reichsburgen und -Städte nebst dem Zolle in Selz zu Pfand; Rymer, Foedera, conventiones etc. (London 1709) VIII, 131; vergl. Häusser I, 250. Am 23. August 1409 sagte Ruprecht Offenburg der Gelübde gegen das Reich los und befahl dieser Stadt, seinem Sohn, dem Landvogt Ludwig, zu huldigen; Chmel 2790; dieselbe Forderung erging an die anderen Orte.

[3]) Quidde, S. 20 ff. hat bereits Finkes — Sigmunds reichsstädtische Politik (1880) — Ansicht von einem Doppelspiel Sigmunds Ludwig gegenüber zurückgewiesen; es sollte darin bestanden haben, dass Sigmund dem Pfälzer die Pfandschaft von Stadt und Zoll Selz bestätigt und andererseits dieser Stadt ihre Privilegien sämtlich zu bestätigen gewährt hat.

[4]) Dat. Ofen 1410, Aug. 6.; D. R. A. VII, 10.

für den Thronbewerber und neuen König einen kräftigen Anhang und Rückhalt zu verschaffen[1]).

Aber noch viel wichtigeres wurde erreicht, im Gegensatz zu einem kurfürstlichen Genossen. Während der Wahlverhandlungen hatte Erzbischof Johann von Mainz von Sigmund das Versprechen verlangt, dass er ohne die Genehmigung seiner, der Mainzer Partei keinen Reichsstatthalter ernennen werde[2]), ein Begehren, das unmittelbar gegen den Anspruch des Pfalzgrafen auf das Reichsvikariat gerichtet war. Diesen pfalzgräflichen Anspruch hat nun aber König Sigmund seinerseits ebenfalls anerkannt in der Zusage, den Kurfürsten Ludwig zu seinem Vertreter im Reich zu ernennen, wenn er selbst nicht ins Reich kommen könne. Die hierauf bezügliche Verpflichtsurkunde ist zwar noch nicht zu Tage gekommen, auch nicht die der Erneuerung des Versprechens. Das Vorhandensein der letzteren unterliegt aber keinem Zweifel und das der ersteren ist hierdurch gesichert. Die Thatsache selbst steht ausser Frage. Denn in der That ist Ludwig alsbald nach Sigmunds Königswahl von diesem als Stellvertreter betrachtet worden und jahrelang hat er als solcher geschaltet[3]). Ein direkter Beweis ist endlich darin gegeben, dass 12 Jahre später Erzbischof Konrad von Mainz, von den anderen rheinischen Kurfürsten aufgefordert, bei seinem Verzicht auf das Reichsvikariat ausdrücklich mit der Verbriefung der pfalzgräflichen Rechte — und das können nur solche sein, die bei Sigmunds Königswahl erlangt waren — seine Handlung begründet[4]). Keine Frage, dass dies die bedeutungsvollste Kon-

---

[1]) Wir stellen uns so auf Kaufmanns — S. 13 — Seite, welcher hier Ludwig „gleichsam als Beauftragten und Vertreter" der Fürsten, Städte etc. handeln und diese erst auf seine Veranlassung und Vermittlung hin sich zu dieser vorläufigen Parteinahme für Sigmund entschliessen lässt, wenn auch einige jener Fürsten und Städte bald ihre Stellung zur Wahl verändert hätten. Ludwig that es, weil er unbedingt eine Partei dem Mainzer gegenüber gewinnen musste. Quiddes — S. 33 — Ansicht dagegen, Ludwig habe ohne Auftrag, rein aus eigenem Interesse so gehandelt, können wir nicht beipflichten.
[2]) S. oben S. 16, Anm. 4.
[3]) S. unten S. 23, unten.
[4]) S. unten Abschnitt II, Kap. IV, Anfang.

zession an den Kurfürsten seitens des Thronkandidaten vorstellt, recht eigentlich die Gegengabe für seine Wahlstimme, während die übrigen Versprechungen mehr oder weniger nur Bestätigungen von alten Rechten und Besitzungen gewesen sind.
Die Forderung, Gregor XII. als rechtmässigen Papst anzuerkennen[1]), konnten der Pfälzer und der Trierer überhaupt nicht mehr stellen, weil Sigmund bereits Gregor aufgegeben und sich Papst Johann XXIII. zugewandt hatte[2]). Allein gebunden war Sigmund hiermit noch nicht, auch der Gegenseite sagte er noch nicht ab. Er versprach auch, Gregor nebst seinen Anhängern unangetastet zu lassen, schickte indessen dabei die nachdrückliche Versicherung voraus, im Fall seiner Wahl dafür sorgen zu wollen, „daz ein luter gancze eintrechtikeit und ein einmutiger babst werde in der heiligen kirchen und ein gehorsame in allem christlichem volke"[3]), nicht aber sagt er, dass Gregor dieser „einmütige" Papst für ihn sein werde. So versicherte er sich der kurpfälzischen und kurtrierischen Stimmen, ohne die Aussicht auf eine Verständigung mit Kurmainz und Kurköln völlig aufgeben zu müssen. Dass Ludwig und Werner sich mit einer solchen Erklärung zufrieden gaben, ist auffallend, aber erklärlich: unbedingt hatte der Pfalzgraf dafür Sorge zu tragen, dass ein ihm Verbündeter den Königsthron bestieg und ihm vor allem, nicht seinem politischen Gegner Wahl und Krone verdanke. Hätte er hierbei Sigmunds Wahl von der Bedingung abhängig gemacht, dass er Johann XXIII. wieder aufgebe, so wären die Verhandlungen unzweifelhaft gescheitert[4]).

Der Wahltag rückte heran, ohne dass irgend welche Aussicht auf eine Einigung der Parteien vorhanden war[5]). Die vier rheinischen Kurfürsten erschienen pünktlich am

---

[1]) Kaufmann, S. 12 ff. nahm dies an.
[2]) Brandenburg, S. 10 mit Anm. 1.
[3]) Dat. Ofen 1410, Aug. 5.; D. R. A. VII, 11.
[4]) Kaufmanns Vermutung, S. 13, ist durch Quidde, S. 33, bereits zurückgewiesen, auch ist sie nach Obigem völlig überflüssig.
[5]) Ein Einigungsversuch des Kölners, welcher nicht wie der Mainzer hauptsächlich durch die Opposition gegen Ludwig, sondern wesentlich nur durch die kirchlichen Rücksichten in seinem Verhalten bestimmt wurde, hatte keinen Erfolg, weil Ludwig und Werner sich

1. September in Frankfurt¹); zugleich mit ihnen Burggraf Friedrich und Herzog Stephan von Bayern, von denen der erstere es durchsetzte, dass er, wenn auch nicht als kurbrandenburgischer, so doch als ungarischer Vertreter in die Wahlstadt eingelassen wurde²). Herzog Stephan dagegen, welcher auf Antrieb Erzbischof Johanns³) Ludwig die pfälzische Kurstimme streitig zu machen gedachte, wurde abgewiesen. Anstatt nun die Wahl alsbald vorzunehmen, meinte Erzbischof Johann sie bis zur Ankunft der Bevollmächtigten der drei östlichen Kurfürsten, mit denen seine Verhandlungen zum erwünschten Abschluss gelangten, hinhalten zu können. Als die gegnerische Partei dies erkannte, säumte sie nicht, da eine Aussicht auf volle Verständigung sich nicht mehr zeigte⁴), ihrerseits zur Wahl vorzuschreiten; am 20. September wurde Sigmund von ihr zum römischen König erwählt; Pfalzgraf Ludwig ging hierbei voran⁵).

Es ist klar, dass Sigmund diese Wahl dem Kurfürsten

---

auf eine Regelung der kirchlichen Streitfragen vor der Wahl nicht einliessen; s. Kerler in Einl. der D. R. A. VII, S. 2 und Kaufmann, S. 23 ff.

¹) Vergl. über des Pfalzgrafen vergeblichen Versuch, mit einem grösseren Gefolge, als nach der goldenen Bulle gestattet war, in Frankfurt einzuziehen: Kaufmann, S. 25.

²) Kaufmann, S. 26 ff.

³) Unzweifelhaft hat Johann Stephan dazu veranlasst; vergl. Kaufmann, S. 25 ff.

⁴) Kaufmann, S. 28—30 und Quidde, S. 87—89. Der dort besprochene Vorgang kann nach dem ganzen Charakter Erzbischof Johanns nur auf ihn zurückgeführt werden, wie sich ähnlich auch Kaufmann ausspricht; die Einwände Quiddes erscheinen mir unhaltbar.

⁵) Ludwig sagte „were min herre von Colne hie, so geborete ime sine stimme vor mir; sit er aber nit hie ist, so wil ich in dem namen gotes welen, und uf den eit, den ich getan han, so welen ich minen herren hern Sygemonden, konigen zu Ungern zu Romschem konige". D. R. A. VII, 80, Art. 6. Das Nähere über diese Wahl s. bei Franklin, S. 66—72 und Kaufmann, S. 27—32; die neue Arbeit von M. G. Schmidt, die staatsrechtliche Anwendung der goldenen Bulle, behandelt auch die Wahlvorgänge genau, die Darstellung ist jedoch ohne jeden selbständigen Wert, sie beruht nur auf Kaufmann und Lindner, wie hier, so auch bei Sigmunds zweiter Wahl, S. 83 ff.

Ludwig verdankt, nicht, wie Droysen[1]) gemeint hat, dem Burggrafen Friedrich von Nürnberg. Diesem kommt lediglich die Rolle des Vermittlers, eines Unterhändlers zu, der die beiderseitigen Wünsche miteinander verknüpfte. Indem der Pfalzgraf in König Sigmund von Ungarn den geeignetsten Thronkandidaten erblickte, bediente er sich des Burggrafen, der sich beim König, seinem Neffen, befand, um durch ihn zu seinem Kandidaten zu gelangen. Durch ihn konnten die Wahlbedingungen vorgelegt werden, durch ihn wiederum wurde, da Sigmund auf sie einging, mit Ludwig weiter verhandelt. Einen stärkeren Anteil an der ganzen Aktion hat Burggraf Friedrich nicht gewonnen. Um so weniger, da Sigmund selbst schon seit längerer Zeit nach der Krone gestrebt hatte und einer Überredung zur Annahme der Kandidatur seitens seines Oheims nicht mehr bedurfte; bereitwillig ist er dem Antrage von vornherein entgegengekommen[2]). Gegenüber diesem Vermittler, vollends gegenüber dem Urheber der Bewerbung verschwindet Erzbischof Werner von Trier vollständig. Bei seinem Alter und seiner Geistesschwäche hat er nicht thätig in die Frage eingreifen können, nur seine Stimme für Sigmund kam bei der Wahl selbst in Betracht.

Der König seinerseits konnte die Lage nicht verkennen. Eben deshalb ist das vorzüglichste Wahlversprechen, das er dem Pfalzgrafen gegeben hatte, sogleich in Kraft getreten, dieser zum Stellvertreter des Königs im Reiche ernannt worden. Alsbald nach der Wahl empfahl er, da er noch nicht ins Reich kommen könne, durch seinen Bevollmächtigten, den Burggrafen

---

[1]) Gesch. der Preuss. Politik I, S. 186 ff.
[2]) Sigmunds spätere — 1429 Dez. in Pressburg, D. R. A. VIII, 286, Art. 2 — Behauptung, er habe die Krone nicht gerne angenommen, er sei vielmehr von Burggraf Friedrich dazu überredet worden, darf uns nicht irre führen. Sie ist eine handgreifliche Unwahrheit, die den Kurfürsten die Unterstützung gegen des Königs und des Reichs Feinde, im besonderen gegen die Hussiten, als ihre moralische Pflicht hinstellen soll, nachdem sie ihm, ganz gegen seine Neigung, die Last der Krone übertragen hätten. Dass sich Sigmund dabei nicht auf den eigentlichen Urheber seiner Wahl, sondern nur auf dessen Vermittler berief, erklärt sich aus seinem damaligen Zerwürfnis mit dem Pfalzgrafen.

Friedrich, die Stadt Frankfurt und andere Reichsstädte dem Schutze des Pfalzgrafen.[1]) Später liess er wieder durch ihn das Lager vor der Wahlstadt vorbereiten[2]) und während der nächsten Jahre, bis er in Deutschland wirklich erschien, hat er sich durch Ludwig als Reichsvikar in den Reichsangelegenheiten vertreten lassen. So war der Pfalzgraf zum Siege gelangt, König Sigmund von Ungarn durch ihn deutscher König, wenn auch erst ein Parteikönig, geworden.[3])

Der Erzbischof von Mainz war dem jungen Pfalzgrafen unterlegen.[4]) Ohne Frage würde man aber irregehen, wenn man in dem Auftreten des letzteren, in seinem nachdrücklichen Eintreten für Sigmund, in der Herbeiführung der Wahl ein lebhaftes und überwiegendes Interesse für das Reich, den Ausdruck einer ernsten Sorge um dessen Wohl, die ihn erfüllt hätten, anerkennen wollte. In Wahrheit sind solche Beweggründe und Antriebe so wenig bei ihm wie bei den andern ersten Reichskurfürsten jener Tage zu bemerken; auch für ihn sind die territorialen Bestrebungen massgebend gewesen und geblieben, neben der Behauptung seines kurfürstlichen Vorrechts und des Einflusses, den es ihm zugetragen hatte.

---

[1]) Burggraf Friedrich teilte dies von Heidelberg aus, wohin er Ludwig begleitet hatte, den Städten am 27. Sept. mit; D. R. A. VII, 34.

[2]) S. unten S. 27, unten.

[3]) Gegenüber Droysen, in Abhandl. der kgl. sächs. Gesellsch. der Wissenschaften III, 160, und Riedel, Gesch. des preuss. Königshauses II, S. 4 und 6, betont schon Lenz, S. 59, mit Recht, dass Pfalzgraf Ludwig auf Sigmunds Wahl mindestens den gleichen Einfluss geübt habe wie Friedrich; er sagt „dass er (Ludwig), der angesehenste Kurfürst, der Sohn des verstorbenen Königs, der Träger des Reichsvikariats sein Ansehen für Sigismund in die Wagschale legte, hat die Anerkennung desselben sicherlich ebenso sehr gefördert, wie die rührige Thätigkeit des Burggrafen, der nur als Stellvertreter Sigismunds für die sehr mit Recht bestrittene brandenburgische Kurstimme fungirte." Ähnlich Wendt, der Deutsche Reichstag unter König Sigmund, S. 119, Anm. 1, auch Häusser I, 268. Neuerdings hat Brandenburg, S. 12—15 und 20—21 Droysens Ansicht entschieden verworfen.

[4]) Treffend sagt Häusser I, 269, es „ward der Meister aller Ränke und Tücken diesmal von dem vierunddreissigjährigen Pfalzgrafen an diplomatischer Gewandtheit noch übertroffen."

Jene Bestrebungen verlangten aber nachdrücklich, dass er sich des neuen Königs versicherte, dass er ihn auf seine Seite herüberzog, gegenüber dem Mainzer. Dieser war der Gegner seiner pfälzischen Territorialpolitik, täglich drohten die Feindseligkeiten mit ihm in offenen Kampf auszubrechen. Mit Rücksicht hierauf hatte auch Ludwig in der Papstfrage zwar, wie wir gesehen haben, Sigmund nachgegeben und ihm ganz freie Hand gelassen. Daneben war der Gewinn, den er für sich davon getragen hatte, noch immer sehr erheblich, ein hoher Kaufpreis für die Stimme bei der Wahl und dieser Preis ist, wenn man ihn im einzelnen prüft, weit über denjenigen hinausgegangen, den die Forderungen des Mainzers gestellt hatten[1]). Die volle Anerkennung der Regierungshandlungen Ruprechts, vor allem aber die Stellvertretung im Reich erweisen sich als ein bedeutendes Plus gegenüber den Bedingungen Erzbischof Johanns. Durch erstere hat Sigmund von vornherein auf die Zurückgewinnung zahlreicher, von König Ruprecht an Ludwig übertragener Reichsrechte verzichtet. Was die Forderung hinsichtlich des Reichsvikariats betrifft, so ist ein grosser Unterschied zwischen dem, was der Mainzer mit anderen Kurfürsten von Sigmund verlangt hat[2]) und dem, was der Pfälzer allein und ausschliesslich für sich gefordert und erreicht hat. Letzteres war freilich für den König erträglicher, weil er sich in diesem Fall den Händen eines einzigen anvertraut, während er sich im andern Fall den Händen der Kurfürsten hingegeben hätte. Aber das Verhalten von Ludwig

---

[1]) Brandenburg, S. 203, hält auch schon, den früheren Behandlungen dieser Frage gegenüber, die Forderungen Ludwigs für schwerer als diejenigen der mainzischen Partei. Indes scheint mir seine Begründung nicht stichhaltig. Ludwigs Forderung hinsichtlich des Reichsvikariats kennt er nicht; ohne sie würden aber des Pfälzers Bedingungen nicht überwiegen; denn Ludwigs Forderung, Schonung der Anhänger des von Sigmund als Gegenpapst betrachteten Gregor, die Brandenburg neben der Bestätigung aller Regierungsakte Ruprechts zur Begründung seiner Behauptung anführt, ist doch sehr geringfügig gegenüber dem Verlangen des Mainzers, dass die pfälzische Partei zu Papst Johann übertreten solle und gegenüber der Thatsache, dass Sigmund bisher selbst zu Gregors Anhänger gehört hatte.

[2]) S. oben S. 16, Anm. 4.

wird durch diese Erwägung, die der König bei sich anstellen musste, nicht gemildert, nicht abgeschwächt, Ludwig beutet die Situation nicht einmal für das Kurfürstentum als solches, sondern lediglich für seine Person aus.

Die Gültigkeit der vollzogenen Wahl blieb freilich starker Anfechtung ausgesetzt. Die Gegner suchten sie zunächst durch Verbreitung von Spottgedichten lächerlich zu machen. Da Ludwig noch verhältnismässig jung und Werner von Trier sehr alt und schwach war, hiess es in ihnen: „zu Franckfurt hinderm chor[1]) haben gewelt einen kunig ein ohind und ein thor."[2])

Aber Ernsteres war für sie zu besorgen, ein Angriff von gegnerischer Seite. Um dem zu begegnen, schlossen Ludwig und Werner, nachdem die Wahl den Reichsständen ihrerseits mitgeteilt war, ein Bündnis gegen jeden, der sie wegen dieser Wahl angreifen und gegen sie vorschreiten sollte[3]). In der That hatte man sich in dieser Voraussicht nicht getäuscht. Schon Ende September kamen Josts und Wenzels Vertreter in Frankfurt an; zusammen mit ihnen wählten am 1. Oktober der Mainzer und Kölner Jost zum römischen König; nachträglich gab der sächsische Bevollmächtigte seine Stimme ebenfalls für ihn ab.[4])

Wiewohl das Reich nunmehr drei Könige dem Namen nach hatte [5]), so besass es in Wahrheit doch noch keinen. Im Reich war von den Dreien kein einziger zu finden. Die Kurfürsten ihrerseits beeilten sich nicht, diese Frage zu lösen, beschäftigt mit ihren eigenen Angelegenheiten. Auch Pfalzgraf Ludwig war in seinen Erblanden stark in Anspruch genommen. Gerade in den Tagen nach der Wahl wurde die Teilung von

---

[1]) Da Erzbischof Johann die Bartholomäuskirche verschliessen liess, musste die Wahl auf dem Kirchplatz vorgenommen werden.

[2]) Ludwig war aber bereits 34 Jahre alt; demnach ist die Bemerkung Riedels, Gesch. d. preuss. Königshauses II, 6, und: Zehn Jahre aus der Gesch. der Ahnherrn des preuss. Königshauses, S. 6, Ludwig sei sehr jung und fast noch ein Kind gewesen, ein Irrtum der durch jenes Spottverschen hervorgerufen sein mag.

[3]) D. R. A. VII, 33.

[4]) Vergl. über diese Wahl Kaufmann, 32—34 u. Franklin, 72—78.

[5]) Denn auch Wenzel verzichtete, obwohl sein Bevollmächtigter Jost gewählt hatte, nicht auf den römischen Königsthron; Kaufmann, 33 ff.

Ruprechts Erbe unter seine vier Söhne vollzogen [1]); die Huldigungen, Verleihungen und Bestätigungen, die sich daraus ergaben, reihten sich an [2]). Doch hat auch in dieser Zeit der Pfalzgraf die Königsfrage nicht aus dem Auge verloren: ein Anhänger von ihm, jedenfalls in seinem Auftrag, unternahm es, die Wahl Sigmunds in einem öffentlichen Ausschreiben als die allein gültige hinzustellen [3]) und so der Gegenpartei, die diese Wahl in einem Schreiben an Räte Sigmunds für ungültig erklärt hatte, entschieden in den Weg zu treten [4]). Allein erst der Tod Josts am 18. Januar 1411 führte für Sigmund eine günstige Wendung herbei. Erst jetzt nahm er die Reichsregierung an [5]) und jetzt auch suchte er seine Wähler, die Kurfürsten Werner und Ludwig sicher zu stellen, indem er ihnen neben dem Fortbesitz ihrer Ehren und Würden seinen Schutz gegen Anfeindungen wegen der Wahl und eine Erneuerung dieses Versprechens nach seiner Krönung zusicherte [6]). Für das Reich selbst setzte er, bis er es aufsuchen könne, eine oberste Reichsbehörde ein, bestehend aus seinen drei Wählern, den Burggrafen Johann von Nürnberg und Graf Eberhard von Württemberg [7]). Auch versprach er sein baldiges Erscheinen im Reich, sobald wie möglich sein Lager vor der Wahlstadt beziehen zu wollen und sich krönen zu lassen [8]). Mit der Aufgabe, die nötigen Vorbereitungen hierfür zu treffen, beauf-

---

[1]) Die Teilung vollzogen am 3. Okt. in Heidelberg sieben Schiedsrichter, an deren Spitze Bischof Raban von Speier stand; Tolner, Historia Palatina Cod. Dipl. 152—157. Am 5. nahmen die vier Brüder nach Vornahme kleiner Veränderungen — Regesta sive rerum Boicarum autographa XII, 57 und 78 — dieselbe an; Zft. f. Gesch. d. Oberrh. XXII, 190.

[2]) Reg. Boic. XII, S. 79 und 83.

[3]) D. R. A. VII, 53.

[4]) D. R. A. VII, 52.

[5]) Quidde, S. 42 ff., hat Kaufmann, S. 37, gegenüber klar dargelegt, dass Sigmund erst auf die Nachricht von Josts Abscheiden hin die Proklamationen ins Reich ergehen liess und dass sowohl sein Schreiben an den Erzbischof von Trier als dasjenige an verschiedene Reichsstände auf den 12. und 21. Jan. zurückdatiert worden sind.

[6]) Dat. 1411, Jan. 21.; D. R. A. VII, 40.

[7]) S. darüber Kerler; D. R. A. VII, S. 8.

[8]) D. R. A. VII, 39, 41 und 42.

tragte er seinen Stellvertreter im Reich, den Pfalzgrafen, der sich deswegen mit dem Frankfurter Rat in Verbindung setzen sollte¹). Ludwig kam dem Auftrag des Königs alsbald nach; schon am 9. März ordnete er seine Räte mit Sigmunds und seinem eigenen Beglaubigungsschreiben an den Frankfurter Rat ab.²)

Erzbischof Johanns Partei sah nach Josts Tode den Königsthron für ledig an; am 11. März wurde wieder eine neue Wahlversammlung ausgeschrieben³). Ihr entgegenzutreten, sie zu verhindern, ergab sich für die Kurfürsten Ludwig und Werner von selbst. Schon bevor sie jene Einladung erhalten haben konnten — an demselben Tage, an dem diese erlassen worden, — erklärten sie dem Frankfurter Rat, dass Sigmund von der Mehrheit der in Frankfurt erschienenen Kurfürsten und ihrer Vertreter zum römischen König gewählt worden, seine Wahl nach den Bestimmungen der goldenen Bulle also durchaus rechtsgültig, mithin die von dem Erzbischof von Mainz beabsichtigte Neuwahl ungesetzlich sei. Daher warnen sie den Rat dringend, im Widerspruch zur goldenen Bulle, zum vorhandenen König, zu ihnen selbst und zu anderen Reichsgetreuen, eine Neuwahl zu gestatten und für sie Geleit zu erteilen⁴). In seiner Verlegenheit gab der Rat eine ausweichende Antwort⁵); die Königswahl zu verhindern gedachte er nicht.

---

¹) Dat. Ofen, 1411, Jan. 21.; D. R. A. VII, 42.

²) Dat. Heidelberg, 1411, März 9.; D. R. A. VII, S. 133 Anm. 2.

³) Von den Einladungsschreiben ist nur das an den Pfalzgrafen erhalten und auch dieses nur im Regest., Dat. Fritzlar, 1411, März 11., D. R. A. VII, 59.

⁴) Mit den verschiedensten weither geholten Gründen suchten sie die Gültigkeit von Sigmunds Wahl nachzuweisen. Dieses Schreiben — Dat. ohne Ort 1411, März 11., D. R. A. VII, 89 — mit ihren Kredenzbriefen gaben die pfälzischen und trierischen Gesandten am 14. März dem Rat ab, spannen auch noch mündlich die Beschwerden ihrer Herren aus. Der Rat erwiderte, er werde ihren Fürsten antworten. D. R. A. VII, 90. Über das Dat. s. Kerler, S. 136, Anm. 5.

⁵) Der Rat spricht die Hoffnung aus, durch sein Verhalten nach allen Seiten hin zu befriedigen — Dat. 1411, März 15.; D. R. A. VII, 91. Zugleich teilt er dem Erzbischof Johann die Angelegenheit mit und bittet ihn um seinen Rat. D. R. A. VII, 92; selbstverständlich

So haben der Pfälzer und der Trierer auf ein anderes Mittel müssen sinnen, um die Wahl zu vereiteln. Sie beschlossen mit König Sigmund, in die von Erzbischof Johann angesetzte Wahlzeit das früher schon beabsichtigte Königslager vor Frankfurt zu verlegen. Der König sagte seine Ankunft im Reich und die Lagerung vor Frankfurt zu,¹) liess aber — wie auch späterhin häufig — vergeblich auf sich warten²). Schon Ende Mai sah sich der Pfalzgraf genötigt, Erkundigungen nach dem König einzuziehen; bei der Gemahlin des Burggrafen Friedrich fragte er an, was ihr von der Reise Sigmunds in das Reich durch ihren Gemahl bekannt geworden sei³). Jedenfalls hat er sich auch an den König selbst gewendet. Letzterer hielt es für seine Pflicht, den Aufschub der Reise zu entschuldigen, indem er sie mit Krankheit begründete und versprach, nachdem diese nun überwunden, unverzüglich aufzubrechen⁴).

Wie Ludwig im vorigen Jahr Sigmunds Wahl durchgesetzt, so war er auch jetzt derjenige, der am entschiedensten eine Neuwahl bekämpft und zu verhindern gestrebt hat. Das einzige Mittel, seine Absicht zu erreichen, sah er eben jetzt in dem Aufschlagen des Lagers vor der Wahlstadt. Schon seit dem Anfang Juni⁵) traf er die nötigen Vorbereitungen dazu, indem er mit Frankfurt in Verhandlungen trat; der Rat der Stadt erlaubte, während der Zeit der Lagerung Frucht und Wein in der Stadt backen und mahlen zu lassen, aber die Zufuhr von käuflichen Gegenständen wurde nicht zugestanden⁶).

---

riet dieser, keiner Aufforderung zur Anerkennung Sigmunds Folge zu leisten; D. R. A. VII, 93.

¹) Kaufmann S. 50.

²) Eine ganze Anzahl von Briefen von Mai bis Juli beschäftigen sich mit seinem Kommen; D. R. A. VII, 70—73, 75 und 76.

³) Dat. Weinheim, 1411, Mai 28.; D. R. A. VII, 71.

⁴) Diesen Brief besitzen wir nicht, wohl aber einen Auszug desselben in einem Schreiben vom 25. Juni, D. R. A. VII, 76. Sigmunds Brief ist danach dat. Thomasbrücken, Juni 4. und am 23. in Ludwigs Hände gelangt.

⁵) Am 7. sandte er seinen Landschreiber Emmerich zu Oppenheim mit Briefen und mündlichem Auftrag nach Frankfurt; D. R. A. VII, 95.

⁶) Die ausführlichen Verhandlungen s. D. R. A. VII, 95—98, Erzbischof Werner stellte dieselben Forderungen und erhielt dieselbe Antwort; D. R. A. VII, 94.

Allein König Sigmund liess auf sich warten und blieb am Ende ganz aus. In seiner Hoffnung getäuscht, ohne Aussicht auf das Erscheinen des Königs, gab unter solchen Umständen der Pfalzgraf noch unmittelbar vor dem angesetzten Wahltag — 11. Juni — seinen Zug nach Frankfurt auf. Erzbischof Werner erschien zwar mit grosser Macht vor der Stadt, zog aber, da ausser dem Mainzer keine Kurfürsten sich eingefunden hatten, schon am 14. wieder heim. Auch der letztere verliess bald die Stadt, nachdem er noch nach Werners Abzug die Einlassung Herzog Stephans von Baiern, als ein Schreckmittel gegen den Pfälzer, durchgesetzt hatte [1]).

Erzbischof Johann hatte die Wahl weiter hinausschieben müssen, weil die Verhandlungen mit dem Kandidaten seiner Partei noch nicht zum Abschluss gelangt waren, erst im Laufe des Monats ist er zum Ziel gekommen: er setzte durch, dass Sigmund sich einer Neuwahl zu unterziehen, und Wenzel diesem seine Stimme zu geben, sich bereit zeigten.

Griff nun Johann auch nach dem Kandidaten seiner Gegner, so hat er sich damit doch noch keineswegs auch auf ihren Rechtsboden gestellt. Er verlangte vielmehr eine Neuwahl, der sich Sigmund zu unterwerfen habe, erklärte also seine frühere Wahl für nichtig, die des inzwischen verstorbenen Jost von Mähren für die allein gültige. Um nunmehr dieser Neuwahl wirklich die Gültigkeit zu verschaffen, galt es für ihn, auch die beiden Gegner zur Beteiligung an dem Akt zu bewegen. Ein Mittel, dessen er sich dabei bediente, haben wir schon kennen gelernt, die Einführung Stephans von Baiern nach Frankfurt. Darüber hinaus hat er auch den Versuch gemacht, sich seinen Gegnern persönlich zu nähern.

Schon im Januar war von einer Auseinandersetzung zwischen dem Mainzer und dem Pfälzer gesprochen worden. Ein Tag für die Beilegung der Streitigkeiten war beabsichtigt [2]); indes wurde sie damals noch nicht erzielt. Anfang Mai wurde aber wirklich eine Annäherung zwischen ihnen erreicht; über

---

[1]) Doch nicht als Kurfürsten, sondern „als ein slechter Fürste."
[2]) Janssen, Frankfurts Reichskorrespondenz, I, 889; vergl. Kaufmann, S. 38.

einige Privatstreitigkeiten söhnten sie sich am 3. aus[1]). Die Lage des Klerus der Mainzer und Wormser Diözese, soweit er unter dem Erzbischof als geistlichen und dem Pfalzgrafen als weltlichen Oberhaupt stand, war während des Schismas begreiflicher Weise unerträglich geworden. Angesichts dessen kamen nun beide Kurfürsten überein, dass es den Klerikern ganz frei stehen solle, sich zu der einen oder anderen kirchlichen Partei zu schlagen. Weiter versprach Ludwig, von seiner Feindschaft gegen Worms, der Erzbischof hiergegen von der gegen Heilbronn, Wimpfen und Weinsberg abzulassen; endlich verpflichteten sich beide, den Bischof und den Klerus von Worms mit der Stadt Worms auszusöhnen. Hiernach war auch eine weitere Verständigung zwischen beiden Kurfürsten zu erhoffen. In der grossen schwebenden Frage der Reichspolitik war sie freilich nicht zu erwarten und blieb sie aus, auch fernerhin waren in dieser Richtung die Wege der beiden Kurfürsten getrennt, eine Begegnung in Rense Anfang Juli, konnte hieran nichts ändern[2]). Und doch war durch jene Annäherung schon sehr viel erreicht; der Ausbruch offenen Kampfes unter den rheinischen Kurfürsten war vermieden. In der That hatte sich die Lage schon derart zugespitzt, dass der Krieg unausbleiblich schien. Bereits war das Gerücht im Umlauf, dass Johann und Ludwig losschlagen würden[3]). Ja Ludwig hatte schon für Bundesgenossen gesorgt. Auf einem Tag in Stuttgart im Februar hatten seine Gesandten mit Vertretern Graf Eberhards von Württemberg, Strassburgs und der schwäbischen Städte über ein Bündnis unterhandelt[4]). Im April wurde dort weiter beraten und auch zur Sprache gebracht, dass man gegen den Mainzer Erzbischof werde zu Felde ziehen müssen. Die schwäbischen Städte wiesen diesen Gedanken zurück, worauf dann die Räte des Pfalzgrafen erklärten, dass er für die Verwirklichung noch nicht reif sei, und

---

[1]) Joannis, Chron. rer. Mogunt. I, 727.
[2]) D. R. A. VII, 82.
[3]) In Frankfurt sprach man davon; s. Quidde, S. 17 Anm. 1.
[4]) Über diese Verhandlungen in Stuttgart berichtet der Strassburger Ammannmeister an den Altbürgermeister in Speier am 8. März, abgedruckt bei Quidde, Anh. II, Str. 2 S. 46—49.

zugleich mit ihrem Herrn über diesen Punkt zu reden und ihnen alsbald Antwort zugehen zu lassen versprachen[1]). Durch die Annäherung zwischen beiden Gegnern wurde indes auch dieses Mal noch die Fehde verhütet.

Endlich am 10. Juli waren von allen Kurfürsten die Machtboten in der Wahlstadt. Die pfälzischen und trierischen verlangten sofort die Ausweisung des Herzogs Stephan und setzten sie trotz aller Anstrengungen der Gesandten der Mainzer am 15. Juli durch. Die Beteiligung an der Wahl verweigerten sie aber, aus Gründen, die sich nach der ersten Erwählung von Sigmund von selbst verstanden. Nach vergeblichen Versuchen, sie umzustimmen, schritten nunmehr die Erzbischöfe Johann und Friedrich von Köln zusammen mit den Vertretern der drei östlichen Kurfürsten zur Wahl; einstimmig wurde Sigmund von ihnen zum römischen König gewählt[2])

So hatte, wie es schien, wenn man nur die Äusserlichkeiten des Hergangs ins Auge fasst, der Mainzer Erzbischof gegenüber Sigmund seinen Willen durchgesetzt. Er hatte ihm das Zugeständnis einer zweiten Wahl abgenötigt, und die Forderungen, die er mit Friedrich von Köln im vorigen Jahre gestellt hatte, waren ihm bewilligt worden[3]). Allein der Sieg über den Pfalzgrafen blieb nur ein Schein, in Wahrheit war er nicht errungen. König Sigmund selbst blieb sich dessen bewusst, dass er seine Erhebung thatsächlich und im Grunde doch nur dem Pfalzgrafen zu verdanken habe[4]). Deswegen hat er sich immer enger ihm angeschlossen. Lange ist er sein bevorzugter Ratgeber geblieben und hat er manches ansehnliche Vorrecht vor den anderen genossen. Sigmund selbst sieht seine zweite Wahl nur für eine unwesentliche Formalität an; sein ganzes Leben hindurch ist nur die erste für ihn die

---

[1]) Hierüber wird am 22. April Strassburg von seinem Gesandten in Stuttgart benachrichtigt; abgedruckt bei Quidde, Anh. II, Nr. 3 S. 49—50.

[2]) Das Nähere über diese Wahl s. Kaufmann S. 57—63.

[3]) D. R. A. VII, 65.

[4]) Ritter's — Erzbischof Dietrich v. Mörs und die Stadt Köln 1414—1424, in Annalen des hist. Ver. f. d. Niederrh., Heft 56, S. 10, — Bemerkung, Sigmund habe dem Kölner und dem Mainzer vornehmlich seine Wahl zu verdanken, ist demnach sehr einzuschränken.

entscheidende und gültige gewesen, nur von ihr ab rechnet er die Jahre seiner Regierung[1]). Von dem Mainzer und Kölner ist er in Wahrheit unabhängig geblieben. Ja, Erzbischof Johann hatte auch nicht einmal erreicht, dass Ludwig und Werner zu seinem Papst Johann XXIII. übergetreten waren; auch weiterhin hielten sie treu zu Gregor XII[2]). Ebensowenig hat Sigmund die Bestätigung von Papst Johann eingeholt[3]), er hatte sich hierzu nicht verpflichtet und vorsichtig vor seiner zweiten Wahl nur versprochen, die Bestätigung von keinem anderen Papst zu begehren und zu empfangen[4]). Gregor XII. seinerseits bestätigte ihn als römischen König, auch ohne aufgefordert worden zu sein, nur weil er von seinen Anhängern, Ludwig und Werner, gewählt worden war; freilich erst spät, Ende 1413, als die Ankündigung des Konstanzer Konzils ihn aus seinem Stillschweigen aufschreckte[5]).

Nach alledem ist es klar, dass, wie auch schon Brandenburg[6]) richtig andeutet, thatsächlich nicht von einem Siege, sondern nur von einer Niederlage der Erzbischöfe Johann und Friedrich auch bei dieser zweiten Wahl Sigmunds geredet werden darf. Wenn auch nicht formell, so doch in Wahrheit ist der Sieger vom vorigen Jahre der Herr der Lage auch in diesem geworden, hat sich Kurfürst Ludwig in seiner entscheidenden Stellung gegenüber den Mit-Kurfürsten auch jetzt wieder behauptet.

---

[1]) Brandenburg, S. 19.
[2]) Noch kürzlich zu Anfang des Jahres ist eine Botschaft Ludwigs in Rom gewesen, D. R. A. VII, 70.
[3]) Vor Januar 1418 hat er sich überhaupt von keinem Papst bestätigen lassen.
[4]) D. R. A. VII, 64, Art. 1.
[5]) D. R. A. VII, 13; ohne Ort und Dat., doch ist nach Finkes Darlegung in seinen „Forschungen und Quellen zur Gesch. d. Konstanzer Konzils" S. 18 zu datieren: Ariminum 1413, Nov. 22.; damit werden sowohl Kerlers, S. 29, Anm. 2, als Quiddes, S. 36 und 37, Vermutungen hinfällig.
[6]) S. 19.

II.

Der Pfalzgraf als Stellvertreter und Ratgeber des Königs bis zum Konstanzer Konzil.

Auch nach seiner zweiten Königswahl ist Sigmund nicht sofort im Reich erschienen. Bald hielten ihn die ungarischen Verhältnisse zurück, bald die Streitigkeiten zwischen den aufrührerischen österreichischen Herzögen, bald die Zwistigkeiten zwischen Polen und dem Deutschen Orden, endlich die Beziehungen zu Italien: der Krieg gegen die Republik Venedig, der nicht zu einem vollen Abschluss, sondern nur bis zu einem Waffenstillstand (1413) gedieh, der erfolglose Versuch, den Herzog von Mailand niederzuwerfen, die langen Verhandlungen mit Papst Johann über das beabsichtigte Konzil. Nachdem diese endlich mit Erfolg gekrönt worden, verliess König Sigmund im Juni 1414 Italien, um jetzt zum erstenmale das Reich, dessen König er sich schon seit vier Jahren nannte, persönlich aufzusuchen.

Während dieser Jahre hatte Kurfürst Ludwig gemäss dem Auftrage[1]) seines Königs die Reichsinteressen, soweit dieses eben möglich war, vertreten.

Überall im Reich, besonders im Süden und Westen, dauerten die Feindseligkeiten zwischen den Reichsständen fort; es gab keine unmittelbare Autorität, die sie mit starker Hand hätte beseitigen können; vor allem lebten die Bischofsstädte mit ihren Bischöfen und der Geistlichkeit in stetem Hader. Nur auf dem Wege der Vermittlung oder des Schiedsgerichts liess sich ihnen beikommen und diesen Weg zum Frieden hat der Pfalzgraf als Vertreter des Königs in dessen Abwesenheit wiederholt und mit Erfolg beschritten.

In Speier hatte Bischof Raban sich das Ziel gesteckt, die alte volle Herrschaft über die Stadt wiederzugewinnen. Der Kampf, der daraus entsprang, war im Jahre 1411 ausgebrochen. Nach längerem Kleinkrieg wurden schliesslich[2]) die

---

[1]) S. oben S. 23, unten.
[2]) Vor 1411, Okt. 7., da an diesem Tag Ludwig zum erstenmale in den Streit eingreift.

beiderseitigen Beschwerden vor den Pfalzgrafen gebracht. Nicht ganz unparteiisch, mehr in Anlehnung an die Wünsche und Interessen Rabans, seines kurfürstlichen Rats, scheint Ludwig die Entscheidung gefällt zu haben. Zunächst[1]) musste die Stadt sich verpflichten, dem Bischof eine Entschädigungssumme zu entrichten „zur Erhaltung und friedlicher Nachbarschaft" und damit Raban um so „schiedlicher und geneigter" werde. Um des Friedens willen verstand sich der Rat der Stadt hierzu, weil er erfahren hatte, dass Ludwig dem Bischof versprochen habe, ihm wider die Stadt behülflich zu sein[2]). Die beiderseitigen Klagen werden danach untersucht, die älteren Urkunden und Verträge über das Verhältnis der Parteien zu einander geprüft, diese dann wieder zu deren genauen Beobachtung verpflichtet[3]). Trotz des für die Stadt ungünstigen Spruchs sind Ludwigs Beziehungen zu ihr ungetrübt geblieben. Ja schon am 7. November 1411 schloss Speier mit ihm ein Bündnis auf 5 Jahre.[4])

Schon vorher[5]) hatte der Pfalzgraf zusammen mit dem Mainzer Erzbischof nach langen Bemühungen[6]) die zwischen Bischof Johann von Worms und der Stadt Worms ausgebrochenen Zwistigkeiten beigelegt und auch hier die Ruhe hergestellt[7]).

---

[1]) Dat. Heidelberg 1411, Okt. 7., Remling, Gesch. d. Bischöfe v. Speyer (1854) II, S. 27, Anm. 88.

[2]) Remling, Urkundenbuch zur Geschichte der Bischöfe von Speyer II, Nr. 36. Dass der Rat es nur der Not folgend gethan hat, bewies er dadurch, dass er in die Akten die Mahnung eintragen liess, niemals einen Bischof von Speier anzuerkennen, bevor er alle Freiheiten der Stadt u. s. w. bestätigt habe.

[3]) S. über alle diese Vorgänge Lehmann, Chronica von Speier 794b— 799a und Remling, Gesch. II, 27—28. Im März 1412 wurde durch sechs Räte des Pfalzgrafen die Stadt auch mit der Geistlichkeit versöhnt, welche seit Ende 1411 die Stadt verlassen hatte.

[4]) Lehmann 796; dieses Bündnis ist eine Fortsetzung des zwischen Ruprecht und Speier 5. März 1408 geschlossenen Bundes; 1414, Juli 10., erneuerte Ludwig es für sich und seinen Sohn Ruprecht auf 5 Jahre.

[5]) Laudenbach 1411, Aug. 13., Schannat, Historia espicopatus Wormatiensis II, Nr. 251.

[6]) S. oben S. 31.

[7]) Schon Ende 1410 war ein Einigungsversuch unternommen worden, vergl. Bischof Johanns Schreiben an die Stadt Mainz; Dat.

Auch in dem grossen Augsburger Bischofsstreit[1]) ist der Pfalzgraf als Vertreter des Königs angegangen worden. In seiner Not unterbreitete ihm der städtische Rat den ganzen Streit[2]); sein Hilfegesuch begründete er mit der Erklärung, dass ihm, dem Pfalzgrafen, als Vikar im Reich der königliche Auftrag geworden, wie man vernommen habe, der Stadt beizustehen. Die Wirkung dieses Schritts ist nur von kurzer Dauer gewesen, schon im folgenden Jahr brach der Streit zwischen Bischof Anselm und der Stadt von neuem aus, wieder[3]) ging letztere den Pfalzgrafen an, und in der That kam endlich durch seine Bemühungen ein Vergleich zu stande.[4])

Auch die Städte, durch ihr gemeinsames Interesse auf einander angewiesen, vermochten die Einigkeit unter sich doch nicht ganz aufrecht zu halten. Unter andern waren 1412 die Städte Frankfurt und Strassburg in Zollstreitigkeiten geraten, in deren Verlauf Strassburg drohte, die Reichsmessen in Frankfurt nicht mehr zu besuchen. Auch hier griff Pfalzgraf Ludwig versöhnend ein; durch ihn wurde die Differenz friedlich beigelegt.[5])

In weiterem Umfang war er bemüht, als Reichsvikar für Recht und Frieden im Lande durch die Errichtung von Einungen zu wirken. Bald nach dem Abschluss seines Bundes mit Speier ging er ein fünfjähriges Landfriedensbündnis mit dem Grafen Eberhard von Württemberg ein[6]); im März 1411 ein gleiches, ebenfalls auf fünf Jahre, mit dem Erzbischof Werner von Trier[7]); auch verband er sich jetzt nebst seinem

---

Ladenburg 1410, Dez. 5., Quellen zur Gesch. d. Stadt Worms, herausgegeben von Boos. III, S. 269—270.

1) S. über ihn Burkart Zink, Chronik, in Chron. der deutschen Städte V., S. 58 ff. und die Beilage dazu S. 338 ff.
2) Dat. 1414, Mai 29., Beilage zu Zink, S. 340.
3) Dat. 1416, März 2., Zft. d. Gesellsch. f. Beförd. d. Geschichts-, Altertums- u. Volkskunde von Freiburg etc. III, S. 355.
4) 1416, Okt. 18., Zink, S. 376 und Reg. Boic. XII, 238.
5) Dat. Speier 1412, Juli 19., Senckenberg, Selecta iuris et historiarum VI, 648 ff., Reg. in Frankfurter Inventare III, 198.
6) Dat. Heidelberg 1411, Nov. 9., Sattler, Gesch. d. Herzogtums Würtenberg unter der Regg. der Graven, 2 Forts., Beil 36.
7) Dat. 1412, Mai 12., Görz, Regesten d. Erzbischöfe zu Trier, S. 136.

Sohne Ruprecht mit den ihm schon befreundeten Reichsstädten[1]) in Schwaben[2]). Alles dies musste zugleich der Verstärkung seiner eigenen kurfürstlichen und territorialen Stellung wesentlich zu gute kommen. Von geringerem Gewinn für ihn selbst, wie wir sehen werden, war dagegen das Bündnis, das er, ebenfalls in jener Zeit, zum Schutz für seine oberpfälzischen Besitzungen mit dem Burggrafen Friedrich, den bairischen Herzögen Heinrich, Wilhelm und Ernst, und seinem Bruder Johann gegen die Übergriffe Herzog Ludwigs von Ingolstadt einging[3]).

Während er sich so für den Frieden bemühte, in dem friedfertigen trierischen[4]) Kurfürsten einen Freund behielt, der ihm unverrückt treu blieb, und mit dem erkrankten kölnischen Kurfürsten, der bald, 9. April 1414, mit Tode abging, sich zu entzweien keinen Anlass fand, dauerten die Reibungen mit dem Mainzer Genossen im Kurfürstenkolleg, bald offen, bald verdeckt, weiter fort. Fast ihre ganze Regierungszeit hindurch haben beide in einem Gegensatz zu einander und im Unfrieden gestanden. Wie sie in der Papstfrage und bei der Königswahl einander entgegengetreten waren, haben wir gesehen. Neben diesen höheren politischen Differenzen sind stets zahlreiche territorialpolitische einhergegangen, vor allem waren ihre Grenzstreitigkeiten unaufhörlich. Im August 1411 wurden sie einmal beigelegt[5]); dauernde Ruhe wurde hiermit nicht geschaffen, hat doch Ludwig in dem bald darauf mit Speier geschlossenen Bündnis den Erzbischof nicht ausgenommen, indes ist durch diesen Vergleich wenigstens eine gewisse Annäherung zwischen beiden im Hinblick auf die territorialen Interessen, die bis dahin ohne Unterbrechung beunruhigt waren, herbeigeführt worden. Im August 1412 einigten sie sich in rheinischen Zollangelegenheiten[6]) und im Mai darauf schlossen sie

---
[1]) Darunter Ulm und Reutlingen, im ganzen 19.
[2]) Dat. 1413, Mai 25., D. R. A. VII, S. 277 Anm. 3.
[3]) 1414, April 17., s. Brandenburg S. 46.
[4]) Die Gesta Trevirorum, hg. v. Wyttenbach II, S. 298, sagen von ihm: Fuit interim vir mirae tranquillitatis et per omnia pacificus.
[5]) S. Schliephake, Geschichte von Nassau, fortges. von K. Menzel V (1879), S. 198.
[6]) Schliephake V, 199.

sogar zusammen mit ihren Kollegen von Trier und Köln einen Zollvertrag[1]). Noch mehr: Erzbischof Johann hat in seinem Zwist mit Landgraf Hermann von Hessen und in seinen heftigen Streitigkeiten mit den rheinischen, schwäbischen und fränkischen Städten den Pfalzgrafen als Schiedsrichter angenommen[2]) und sogar seine Zustimmung zu der königlichen Verleihung der Landvogtei über Elsass an Ludwig gegeben.[3])

Trotz allem war eine dauernde Verständigung zwischen ihnen nicht erzielt. Zu den territorialen Händeln, die wieder auferstanden, gesellte sich abermals ein politischer Gegensatz gegenüber dem Streit um das Kölner Erzbistum und bei dem Verhältnis zu den Städten. Nach dem Tode Erzbischof Friedrichs von Köln war eine zwiespältige Wahl erfolgt. Wie der König, so erkannte auch der Mainzer von beiden gewählten Erzbischöfen alsbald den Grafen Dietrich von Mörs an, einen Neffen des verstorbenen Erzbischofs Friedrich. Auf ihren Rat sogar war er, wie es hiess, gewählt worden[4]). Auch Erzbischof Werner scheint sich bald für Dietrich entschieden zu haben[5]). Anders Kurfürst Ludwig. Er trat für Dietrichs Gegner ein, Graf Wilhelm von Berg, der bisher den Paderborner Bischofs-

---

[1]) 1413, Mai 25.; Hontheim, Historia Trevirensis diplomatica II, 358, irrtümlich Pfalzgraf Rudolf statt Ludwig. Über die Tendenz dieses Vertrags s. Egon Huckert, Die Politik der Stadt Mainz während der Regierungszeit des Erzbischofs Johann II, 1397—1419, S. 83.

[2]) Erzbischof Johann und Landgraf Hermann vertragen sich am 29. Juni 1412 unter der Bedingung, dass die Streitigkeit wegen der Päpste und der Pfaffheit von dem römischen König an Martini entschieden, bis dahin es aber gerade so gehalten werden solle, wie es Johann und Pfalzgraf Ludwig miteinander vereinbart hätten; Orig.-Perg., Kgl. bair. Kreisarchiv Würzburg. Zwischen dem Erzbischof und den Städten vermittelte der Pfalzgraf 13. Sept. 1412 einen Waffenstillstand, dessen Verlängerung er am 20. Dez. durchsetzte, worauf er mit anderen Fürsten zu Heilbronn 1413, März 18., beide Parteien völlig aussöhnte; Orig.-Perg., Kgl. bair. Kreisarchiv Würzburg.

[3]) S. unten S. 52.

[4]) S. über beider Wahl Ennen III, 170 ff., Franz Kummer, Die Bischofswahlen in Deutschland zur Zeit des grossen Schismas (1378 bis 1418) (1891), S. 19—24 und Fr. Ritter, S. 9—14.

[5]) Kerler, D. R. A. VII, S. 237.

stuhl innegehabt hatte; zweifellos ist diese Parteinahme auf seine Verwandtschaft[1]) mit ihm zurückzuführen [2]).

Mit den Reichsstädten hat Johann niemals auf gutem Fuss gestanden. Der Pfalzgraf hingegen war bestrebt, nachdem er von Reichs wegen in den Besitz der Landvogtei Elsass gelangt war, mit den dortigen Reichsstädten die alten Verbindungen seines Vaters aufrecht zu halten; mit den schwäbischen war er, wie erwähnt ist, eng verbündet und befreundet. Wie anders, so war dieses wohl geeignet, bei dem eifersüchtigen Mainzer Besorgnisse zu erwecken. Und dessen Eifersucht musste durch die Art, wie der König die dringende Konzilsfrage betrieb, neue und starke Nahrung finden, um sich nach allen Seiten geltend zu machen und sich wiederum gegen den Pfalzgrafen zu kehren. Zwar von Papst Johann berufen, schien dieses Konzil dem Mainzer eben gegen ihn gerichtet zu sein. Auch mochte es ihn, wie schon Menzel[3]) bemerkt hat, verdriessen, dass der König die Beschirmung der in seiner Diöcese liegenden Stadt Frankfurt nicht ihm, sondern dem Trierer Erzbischof übertragen hatte. Hierbei kann aber nicht mit Menzel[4]) die „deutlich ausgesprochene Fürsorge König Sigmunds für die Städte" als Motiv der Handlung und als Anlass zu der neuen Verstimmung des Mainzers angenommen werden, weil in Wahrheit die vielgerühmte, grundsätzliche Städtefreundlichkeit beim König nicht vorhanden gewesen ist[5]), also auf den klugen Erzbischof nicht hat einwirken können. Besonders nahe gestanden hatten sich beide überhaupt nicht. Johann hatte zwar Sigmund mit zum König gewählt, aber doch nur, weil er keinen anderen Ausweg gehabt hatte; Sigmund wiederum war es nicht verborgen, dass er nicht ihm die Wahl zu verdanken gehabt. Wenn dann der König sich nicht an ihn, den ersten unter den geistlichen Fürsten, sondern an seinen Gegner, den

---

[1]) König Ruprechts Schwester Anna war Wilhelms Mutter.
[2]) Lindners II, S. 285, Behauptung, alle rheinischen Kurfürsten seien für Dietrich eingetreten, und da habe auch Sigmund sich infolgedessen sofort für ihn entschieden, trifft also nicht zu.
[3]) Schliephake V, S. 202.
[4]) Schliephake, S. 202.
[5]) Vergleiche darüber unten Kap. III.

Pfalzgrafen anlehnte, so musste gerade ihn, der von starkem Ehrgeiz erfüllt war, ein solches Verhalten erbittern, ihn aber auch gegen die Wahlversprechungen Sigmunds, die noch uneingelöst waren, misstrauisch machen.

Dem Mainzer drohte die Gefahr der Isolierung unter den rheinischen Kurfürsten, doch wurde sie durch den neuen Erzbischof von Köln wieder beseitigt; an ihm fand er einen Bundesgenossen in seiner gefährdeten Lage und in den wichtigsten Fragen der Politik: am 17. Juni 1414 in Rense schloss er mit Erzbischof Dietrich einen Vertrag, in dem sie sich gelobten, in den Angelegenheiten der Kirche und des Reichs, namentlich bei den Wahlen, einmütig zusammenzustehen und treu bei Papst Johann auszuharren[1]).

Demgegenüber war die Verbindung zwischen dem Reichsoberhaupt und seinem Vikar bestehen geblieben. Wie zuvor ergingen die Aufträge an ihn, im Namen des Königs zu handeln; ungesäumt, wie wir sehen, ist er ihnen nachgekommen, auch wo sein persönliches Interesse auf dem Spiele stand. Eine Klage der Geistlichkeit und weltlicher Unterthanen aus seinem eigenen Gebiet und der Reichsvogtei Elsass über Beschwerden, deren Inhalt wir nicht kennen, gelangte so durch die Vermittlung[2]) des Königs an ihn; ebenso eine andere von seiten der Kaufleute über Erhöhung der Zölle und Geleitsgelder auf dem Rhein zwischen Speier und Strassburg. Inwieweit Pfalzgraf Ludwig erstere abgestellt hat, wissen wir nicht; letzterer wurde er alsbald gerecht, indem er mit Markgraf Bernhard von Baden und Bischof Raban einen Vertrag über die Neutralität der Rheinschifffahrt zu stande brachte[3]), der für die Zeit einen grossen Fortschritt bedeutete[4]). Sogleich hat ihn der König bestätigt[5]).

---

[1]) Kerler, D. R. A. VII, S. 237.
[2]) Dat. Civitatbellum 1413, Juni 5., Janssen I, 453.
[3]) Dat. Speier 1413, Juli 27., Zft. für Gesch. d. Oberrh. IX, S. 22 ff.; drei Tage zuvor hatte Ludwig betreffs der Rheinschifffahrt eine Beschwerdeschrift gegen den Markgrafen erlassen, ebendort IX, 401.
[4]) Finke, König Sig. reichsst. Pol., S. 82, hält diesen Akt für einen der denkwürdigsten jener Zeit.
[5]) Erwähnt Zft. f. Gesch. d. Oberrh. IX, S. 24.

Als endlich Sigmund im Sommer 1414 in das Reich[1]) kam, zog ihm der Reichsvikar mit seinen Brüdern entgegen. In Strassburg empfing er ihn feierlich[2]), von dort führte er ihn zu Schiff nach Speier[3]), wohin ein Reichstag berufen war. Unter anderem war diesem die Aufgabe gestellt, den Kölner Bistumsstreit und die Zwistigkeiten zwischen Erzbischof Johann und dem Pfälzer beizulegen[4]). Allein die Aufgabe konnte nicht gelöst werden, weil sich die Fürsten hier nur in kleiner Anzahl einfanden, von den Kurfürsten nur der Pfälzer und der Mainzer[5]), ein neuer Tag in Koblenz musste in Aussicht genommen werden. Ein Ausgleich zwischen Ludwig und Johann kam nicht zu stande; die Bestätigung der Privilegien für letzteren wurde in die Zeit nach der Krönung des Königs verschoben. Dem Pfalzgrafen dagegen wurde hier in Speier eine für ihn sehr wichtige Urkunde vom König ausgestellt. Die Landvogtei im Elsass, die Ludwig besass, war im Herbst 1413, als der König, wie so oft, sich in Geldverlegenheit befunden hatte[6]), ihm sogar samt den gewöhnlichen Steuern für 25,000 Gulden verpfändet worden[7]); an eine Wiedereinlösung, wenigstens unter Sigmunds Regierung, war keinesfalls zu denken. Mit dem Hinweis auf jene Verpfändung liess nun in

---

[1]) Hiervor hatte der König den Pfälzer 1413, Dez. 5., in Lodi zum Vogt und Beschirmer des Klosters Kastell im Bistum Eichstädt ernannt, Monumenta Boica XXIV, 568.

[2]) Vom 7.—17. Juli war Sigmund in Strassburg; vergl. Strobel, Vaterl. Gesch. d. Elsasses (2. Aufl. 1851) III, 103—107.

[3]) Auf seine Kosten, hebt die Denkschrift für König Heinrich V. von England, über Ludwigs Beziehungen zu Sigmund von 1410—1418, hervor; D. R. A. VII, 237, Art. 3.

[4]) Vergl. Sigmunds Einladungsschreiben an Frankfurt (dat. 1414, Juni 16.) und den Brief Nürnbergs vom 24. Juli, D. R. A. VII, 135 und 137.

[5]) Gegenüber Huckert, S. 88, und Lenz, S. 60, hat Kerler, D. R. A. VII, S. 175 festgestellt, dass Johann in Speier anwesend war.

[6]) Durch zahlreiche Privilegienbestätigungen suchte er seine erschöpfte Kasse zu füllen; s. Kerler D. R. A. VII, S. 174.

[7]) Dat. Chur 1413, Sept. 6., Aschbach, Gesch. Kaiser Sigmunds IV, 518. Am 30. Okt. gaben Erzbischof Johann zu Heppenheim (Joann. rer. Mog. I, 729a) und am 13. Nov. Erzbischof Werner zu Ehrenbreitstein (Görz Reg., S. 138) ihre Willebriefe.

Speier der König an acht elsässische Städte[1]) den Befehl ergehen, bis Martini dem Pfalzgrafen 2100 Gulden zu zahlen oder sich zu verpflichten, ihm die Reichssteuer zu entrichten; zugleich gab er Ludwig die Erlaubnis, im Falle der Nichtzahlung, mit Gewalt das Geld von den Städten eintreiben zu dürfen und sicherte ihm sogar für diesen Fall seine Unterstützung zu[2]).

Von Speier begleitete der Pfalzgraf den König um den 1. August[3]) über Worms, wo sie über die Weigerung der Stadt, dem König anders als wie eine „freigefürstete stadt" zu huldigen, sich berieten[4]), sowie über Mainz[5]) den Rhein hinab nach Koblenz[6]). Anstatt die Reise zur Krönung nach Aachen fortzusetzen, hielt sich Sigmund dort vier Wochen lang auf, weil ihm wegen der feindseligen Haltung der Herzoge von Berg, Brabant und Burgund der Weg nicht sicher genug erschien[7]). In grosser Anzahl waren hier Fürsten und Herren beisammen, von den Kurfürsten ausser dem Pfälzer auch die drei anderen vom Rhein[8]). Von den Verhandlungen erfahren wir wenig. Kurfürst Ludwig berichtete selbst später über sie in seiner Denkschrift an König Heinrich V. von England bloss mit den Worten „ubi principes electores convenerant et aliquamdiu steterant[9])". Andererseits bekundet ein Augenzeuge, ein Mitglied der brabantischen Gesandtschaft, die den Tag in Koblenz aufgesucht hatte, dass der Pfalzgraf sich an

---

[1]) Hagenau, Kolmar, Weissenburg, Schlettstadt, Oberehenheim, Kaisersberg, Mühlhausen und Münster.

[2]) Dat. Speier 1414, Juli 29., Janssen I, 461 (Reg.).

[3]) Am 31. Juli urkundet Sigmund noch in Speier, s. Aschbach II, S. 461, am 2. Aug. ist er mit dem Pfälzer in Worms; s. f. Anm.

[4]) Am 2. Aug.; Wormser Chron. des Friedrich Zorn in der Biblioth. d. lit. Ver. in Stuttg., Bd. 43, S. 181.

[5]) Dass Ludwig bei dem König in Mainz gewesen und mit ihm am 8. Aug. nach Bingen weitergereist ist, zeigen Janssen I, 465 und 466. Von Mainz aus lud Sigmund, Aug. 6., die Reichsstände auf Nov. 1. nach Konstanz ein; D. R. A. VII, 176.

[6]) Bereits am 12. August urkundete Ludwig hier; Schaunat, Sammlung alter Schrift. u. Dokumente I, 225.

[7]) S. Kerler, D. R. A. VII, S. 176—179.

[8]) D. R. A. VII, 143.

[9]) D. R. A. VII, 237, Art. 3.

den Verhandlungen über die schwebende Luxemburger Frage beteiligt hat[1]). Eine Hauptrolle ist ihm jedenfalls bei den Verhandlungen über das Bündnis König Sigmunds mit dem englischen König zugefallen, dessen Gesandten ebenfalls dort eingetroffen waren. Dass schon jetzt das Bündnis eingeleitet worden, hat Lenz[2]) klargelegt und Kerler[3]) weiter bestätigt. Es unterliegt keinem Zweifel, dass hierbei der Pfalzgraf als der gegebene Vermittler auftreten musste und aufgetreten ist. Unter den deutschen Fürsten stand er, als der Schwager, König Heinrich am nächsten[4]); er war bemüht, den deutschen König auf dessen Seite zu bringen und konnte zugleich als die rechte Hand seines Königs betrachtet werden[5]). Hier in Koblenz erkannte endlich der Pfalzgraf auch Erzbischof Dietrich von Köln an. Am 18. August gelobte er für sich und seinen ältesten Sohn, als Nachfolger in der Pfalz, diesem Erzbischof Ergebenheit und Beistand[6]). Dass Ludwig hierbei von König Sigmund beeinflusst worden[7]), ist augenscheinlich; dass er ihm nachgegeben, lässt gegenüber der Thatsache, dass die Aussichten Wilhelms von Berg in jenen Tagen noch nicht verpflogen waren[8]), die Möglichkeit zu, dass er die Interessen seines Hauses denen des Reichs und seines Königs nachgestellt, sich einmal ganz der Politik des Königs hingegeben hat. Dietrich und Ludwig sehen wir von nun an im grossen und ganzen in allen politischen Fragen stets friedlich nebeneinander hergehen. Die Papstfrage, in der beide einen verschiedenen Standpunkt einnahmen, hat sich Erzbischof Dietrich

---

[1]) Dynter, Chronicon des ducs de Brabant III, 265, vgl. D. R. A. VII, S. 176—180.

[2]) S. 35, 41 ff. und 60 ff.

[3]) D. R. A. VII, S. 180. J. Caro, Das Bündnis von Canterbury, erkennt den Abschluss des Vertrags wohl an, glaubt aber gegenüber Lenz, dass er nur für das bevorstehende Konzil abgeschlossen, keine Abmachung gegen Frankreich gewesen sei.

[4]) Vgl. Lenz S. 57—60.

[5]) So schon Lenz S. 61.

[6]) Lacomblet, Urkundenb. f. d. Gesch. d. Niederrh. IV, No. 85.

[7]) So vermutet schon Kerler, D. R. A. VII, S. 176, Z. 20 ff.

[8]) Erst am 30. August traf die päpstliche Bulle mit der Ernennung Dietrichs zum Erzbischof in Köln ein, und jetzt erst erkannte ihn auch der Rat von Köln als solchen an; Ritter, S. 18.

nicht weiter angelegen sein lassen und zum König hat er in den nächsten Jahren gehalten wie der Pfalzgraf. Über eine lange Unterredung beider mit dem König[1]), am 1. September, ist näheres nicht bekannt[2]).

Durch Ludwigs Anschluss an Dietrich war ein Streitpunkt, den er mit dem Mainzer gehabt hatte, beseitigt; auch war durch Bischof Johann von Würzburg in Koblenz eine territoriale Differenz zwischen ihnen wieder beigelegt[3]). Allein der Konflikt, der zwischen ihnen bestand, konnte nicht aufgehoben werden, vor allem wurde er durch die engen Beziehungen des Pfalzgrafen zu den elsässischen Städten unterhalten, und diese erfuhren nun vollends, zum Verdruss des Mainzers, hier in Koblenz noch eine Anerkennung und Festigung von seiten des Königs. In seinem Erlass an die Reichsstädte im Elsass vom 13. August bekräftigt er das Bündnis, das ehedem König Ruprecht für sich und seinen Sohn, den Pfalzgrafen Ludwig, am 5. April 1408 mit ihnen eingegangen war[4]); weil er in ihm bei der gegenwärtigen Lage das Heil für das Elsass erkennt, fordert er sie auf, an den Vereinbarungen festzuhalten und zu Ludwig zu stehen.[5])

Indem so der König dieses Bündnis des Pfalzgrafen bestätigt und sanktioniert, muss er des Mainzers Argwohn noch stärker anfachen. In diesem Zusammenhang erscheint Menzels[6])

---

[1]) Bericht der Frankfurter Gesandten nach Hause; Dat. Koblenz 1414, Sept. 1., D. R. A. VII, 145.

[2]) Brandenburg, S. 35, hält die Festsetzung des Krönungstags auf den 21. Okt. für ein Resultat dieser Unterredung; er schliesst das aus dem Schreiben Erzbischof Werners an Strassburg, worin er die Stadt am 2. Sept. von Bernkastel aus aufforderte, D. R. A. VII, 163, zur Krönung am 21. Okt. Gesandte zu schicken. Aber gerade dieser Brief stellt Brandenburgs Ansicht sehr in Frage. Denn während wir nur von einer Unterredung des Königs mit Dietrich und Ludwig hören, war nach jenem Schreiben auch Erzbischof Werner dabei — Z. 14 —, als mit dem König der Krönungstag festgesetzt wurde.

[3]) Der Würzburger vergleicht beide am 17. August wegen des Schlosses Guntheim; Orig. Perg., Kgl. bair. Kreisarchiv Würzburg.

[4]) S. oben S. 12, Anm. 3.

[5]) Wencker, disquisitio de ussburgeris Continuatio, S. 22; die elfte der Städte, mit denen 1408 der Bund geschlossen war, Selz, fehlt hier.

[6]) Schliephake V, 205.

Vermutung berechtigt, dass Sigmund, indem er den Anschluss Ludwigs an Erzbischof Dietrich veranlasst, weniger bestrebt sei, Johann mit dem Gegner zu versöhnen, als ihn zu isolieren; für die weitere Vermutung aber, dass er gerade in der Unterredung mit dem Kölner und dem Pfalzgrafen am 1. September ersteren auch von dem Mainzer zu trennen versucht habe, ist kein Anhaltspunkt gegeben, und eine solche Trennung ist nicht erreicht. Das Verhältnis, welches nun eintrat, wird deutlich genug durch die Thatsache gekennzeichnet, dass Johann von Mainz, der sowohl in Speier als auch in Mainz oder Bingen[1]) und dann in Koblenz erschienen war, den König fernerhin zu vermeiden gesucht hat.

Anfang September begab sich der Pfalzgraf mit dem König[2]) nach Heidelberg[3]). Ungefähr 14 Tage lang war dieser sein Gast. Hier ging er an die Verwirklichung des Planes, der in der nächsten Zeit in dem Leben des Reichs im Vordergrund stehen sollte, indem er die fränkischen Herren und Städte nach Nürnberg auf den 23. September[4]), die schwäbischen auf den 3. Oktober nach Heilbronn[5]) einlud, um mit ihnen über die Herstellung eines Landfriedens zu beraten.

Es war die Absicht des Königs, vor dem Konzil, über dem er als das Haupt der Christenheit zu walten gedachte,

---

[1]) Es steht fest, dass Johann nach der Speierer und vor der Koblenzer Zusammenkunft mit dem König eine Unterredung gehabt hat D. R. A. VII, 144; vergl. Schliephake II, 204, Anm. 4.

[2]) Weshalb dieser sich vor der Krönung noch einmal nach dem Süden gewandt hat, haben Lenz, S. 61—63, und Brandenburg, S. 34—36, klargelegt.

[3]) Nach Hautz, Gesch. der Univ. Heidelberg I, 270, No. 51, kam der König 7. Sept. in Heidelberg an. Ludwig kam jedenfalls erst mit dem König in seine Residenz zurück. Wenn nach L. Baur, Urkunden zur Hessischen Landes-, Orts- und Familiengesch. IV, 49, 3. Sept. der Pfalzgraf in Heidelberg mit Bischof Johann von Worms einen Burgfrieden geschlossen haben soll, so beruht das auf einer irrtümlichen Auflösung des Datums; unter dem Antonientag ohne weiteren Zusatz ist der 17. Januar zu verstehen (Dat. Heidelberg 1414 ipso die b. Anthonii conf.); Scriba, St. Ergänzungsh. Nr. 765, schreibt das falsche Datum von Baur ab.

[4]) D. R. A. VII, 146.

[5]) D. R. A. VII, 158, Beides Sept. 13.

die Stände und Territorien im Westen und Süden des Reichs in einzelnen Landfriedensbezirken zu vereinigen, um diese dann durch weitere Verhandlung in Konstanz in einen allgemeinen Landfrieden zusammenfliessen zu lassen. Schon am Anfang hat dieser Entwurf wenig Erfolg gefunden. In Nürnberg gelang es ihm zwar, einen Landfrieden für Franken zu stande zu bringen; aber nur eine gewisse Anzahl von Fürsten und Herren nahmen ihn an und beschworen ihn; die Städte hielten sich zurück.[3])

Gar nichts wurde in Heilbronn erreicht, wo man über die Landfrieden, die auf dem Konstanzer Reichstag für Schwaben, Elsass und das Rheinland nach dem Muster des Nürnberger Landfriedens festgesetzt werden sollten, Vorberatungen abhielt. Die Städte sahen diesen Landfrieden für allzu drückend an[4]). Sie mussten erkennen, dass hier dieselbe Absicht wie beim Egerer Landfrieden, auf den der Entwurf zurückging und der die Städte in ihrer Eigenständigkeit sehr stark zurücksetzte, vorherrschend war; aus diesem Grunde wohl gaben sie vor, keine Vollmacht zu haben. Von all den geladenen Fürsten[5]) waren nur Pfalzgraf Ludwig und Graf Eberhard von Württemberg erschienen[6]).

Allseitig wird angenommen, dass die persönliche Anwesenheit dieser Fürsten auch ihre Übereinstimmung mit des Königs Landfriedensplan beweise. Man will dies auch aus

---

[1]) S. Kerler, S. 204; Aschbach I, 406 giebt fälschlich den 23. an; am 20. weilte Sigmund noch bei Ludwig in Heidelberg, s. Aschbach II, S. 462.

[2]) D. R. A. VII, 147.

[3]) Nur drei — Weissenburg, Rotenburg und Schweinfurt — sind nachträglich beigetreten, aber auch nur gezwungen — wenigstens wissen wir es von den beiden ersten —, da der König ihnen drohte, sie anderenfalls als Ungehorsame des Reichs zu behandeln; D. R. A. VII, 178 Anf.

[4]) Die Strassburger Gesandten schrieben am 15. Okt. nach Haus, „daz der lantfrid der stet halb ein wenig schwer wer;" D. R. A. VII, 159, (S. 228, Z. 5).

[5]) S. die kgl. Einladung D. R. A. VII, 158.

[6]) Am 12. Okt. traf Ludwig in Heilbronn ein, D. R. A. VII, 159, (S. 227, Z. 32); Sigmund war am Tag vorher gekommen, ebendort S. 227, Z. 29.

der blossen Ausserlichkeit schliessen, dass Sigmund von der pfälzischen Residenz aus nach Nürnberg und Heilbronn die Stände eingeladen· und sich Monate lang in der Gesellschaft des Pfalzgrafen befunden hat[1]). Einen direkten Beweis für die Richtigkeit dieser Anschauung erblickt Kerler in dem Schreiben[2]) Ulms an Nördlingen, nach dem der Pfalzgraf und der Württemberger dem König den projektirten „lantfride angeseit" haben. Allein, abgesehen davon, dass es von vornherein wenig wahrscheinlich ist, dass Ludwig einen solchen Landfrieden uneingeschränkt sollte befürwortet haben, ist gerade das angeführte Schreiben, wenn man es genauer betrachtet, als ein direkter Gegenbeweis gegen Kerlers Ansicht aufzufassen.

Der Pfalzgraf stand, wie Graf Eberhard, in einem Bündnis mit dem schwäbischen Städtebund.[3]) Die Verbindung gewann für den Pfälzer zur Zeit darin recht eigntlich ihren Zweck, der feindseligen Haltung Johanns von Mainz und des Markgrafen Bernhard von Baden zu begegnen, entsprechend seinem Bunde mit den elsässischen Städten und mit Speier. Durch die jetzt vom König geplanten Landfriedensbündnisse in bestimmten Bezirken wären aber jene besonderen Bündnisse der Fürsten und Städte wirkungslos und ungesetzlich geworden. Denn der Landfriedensentwurf des Königs verbot alle Vereinigungen und Bündnisse der einzelnen Stände untereinander innerhalb des Landfriedens, gleichviel, ob sie private oder, wie der Landfrieden selbst, allgemeine Zwecke verfolgten. Jener besondere Bund war dagegen für die Städte sowohl als für den Pfalzgrafen und den Württemberger ein sichereres Schutzmittel als der dehnbare, nicht straff organisirte Landfrieden. Notwendigerweise haben die schwäbischen Städte, so lange sie ihren bisherigen Zielen treu bleiben wollten, an ihrem Bund und dem Verhältnis zu beiden Fürsten festhalten müssen.

---

[1]) So Kerler, S. 223.
[2]) Dat. Ulm 1414, Okt. 25., D. R. A. VII, 178.
[3]) S. oben S. 37; Eberhard hatte 1413, Mai 26., sein altes Bündnis mit dem schwäbischen Städtebund erneuert; Stälin, Wirtemberg. Gesch. III, 396 ff.

Auch der Pfälzer und Graf Eberhard gaben eine entsprechende Erklärung ab.¹) Da nun der König seinerseits einsehen·musste, dass unter solchen Umständen weder der schwäbische Bund noch die beiden Fürsten für seinen neuen Landfrieden zu gewinnen sein würden, so suchte er sich, wie es scheint, eines Schachzuges zu bedienen. Er schlug ihnen nämlich vor, neben den beabsichtigten vier Landfriedensbezirken für sich einen fünften zu bilden ²). Die Absicht hat ihn wohl geleitet, diesem engeren Bundesverhältnis durch die Einfügung in die allgemeine Organisation die Spitze abzubrechen, oder aber es aufzuteilen und in seine Landfriedensbezirke hinüberzuleiten, endlich vielleicht auch nur die, gegenüber der gegebenen Thatsache Zeit zu gewinnen. Die Zustimmung der beiden Fürsten zu seinem Vorschlag wurde alsbald erlangt. Auf eine Anfrage des Ulmer Rats nach dieser neuen königlichen Proposition konnte somit Graf Eberhard ihn dahin bescheiden, dass er nebst dem Pfalzgrafen dem König den Landfrieden — aber eben nur diesen — angesagt habe ³). Doch war auch hiermit noch nichts für die Absichten des Königs erreicht. Den Städten konnte es nicht verborgen bleiben, dass ihrem besonderen Bund hier der Boden entzogen werden sollte; richtig und deutlich sprechen sie es selber aus, dass „lantfrid und ainunge bi ainander nicht bestan möchten" ⁴). Der Ernst der Lage verbot ihnen jeden voreiligen Schritt ⁵). Auch die beiden Fürsten

---

¹) Dies teilen die Strassburger Gesandten in Bezug auf den Pfalzgrafen am 15. Okt. von Heilbronn aus nach Haus mit; D. R. A. VII, 159, (S. 280, Z. 4).

²) Vgl. die Stelle aus Ulms Schreiben — D. R. A. VII, 178, S. 272, Z. 14—17 — wonach des Königs Meinung sei, „das wir stette mit den vorgenanten zwain herren (Ludwig und Eberhard) och einen lantfriden halten". Finke, Reichsst. Pol., S. 40 oben, ist über diese wichtige Äusserung hinweggegangen und hierdurch zu einem Missverständnis gelangt.

³) Diesen besonderen Vorschlag haben wie Finke auch Kerler und O. Heuer — Städtebundsbestrebungen unter König Sigmund (1887) S. 18, — übersehen; irrtümlicherweise haben sie „den lantfride angeseit" auf das allgemeine Landfriedensprojekt des Königs bezogen.

⁴) D. R. A. VII, S. 272, Z. 28.

⁵) Dies zeigt wieder Ulms Schreiben; S. 272, Z. 84 u. S. 273, Z. 8 ff.

waren derselben Meinung, wie Eberhard den Ulmern erklärte [1]), ja sie waren bemüht, ihren besonderen Bund nicht nur zu erhalten, sondern noch zu erweitern und zu verstärken. Gerade jetzt zeigten sie sich gern bereit, Nördlingen, das erst kürzlich in den schwäbischen Städtebund eingetreten war, in ihren Bund aufzunehmen [2]). So konnte Ulm an Nördlingen schreiben, dass es dem Pfalzgrafen und dem Grafen Eberhard in ihrem Bunde recht wohl sei [3]). Die Zustimmung beider Fürsten zur Bildung eines fünften Landfriedensbezirkes gewinnt also nicht reale Bedeutung.

Sie, besonders aber der Pfalzgraf werden bei ihrem Verhältnis zum König ihm seinen Wunsch nicht offen haben abschlagen wollen, nachdem sie seinen ersten Landfriedensplan bekämpft hatten. Aber sie traten nicht nur für diesen Landfrieden nicht ein, sondern durch ihre Erklärung, an dem Bund festhalten zu wollen, suchten sie ihn auch zu verhindern und sie verhinderten ihn wirklich. Wäre der Pfalzgraf in die schwäbischen Städte gedrungen, hätte er den Bund mit ihnen aufgegeben und sie veranlasst, sich wenigstens zu einem solchen zu entschliessen, so wären sie ihm darin wohl gefolgt; später haben Ulm und die befreundeten Städte erklärt, nur wenn Ludwig und Graf Eberhard der Auflösung ihres Bundes zustimmen würden, könnten sie sich auf einen neuen Bund einlassen [4]). Ludwig hätte auch in Heilbronn, wie Burggraf Friedrich in Nürnberg es gethan, zunächst mit einigen Fürsten und Herren den Versuch zu einem Landfrieden machen können. Aber weder das eine noch das andere hat er gethan. Aus diesem Grund wird er wohl auch den König nicht nach Nürnberg begleitet haben [5]).

So erscheint der Pfalzgraf hier zum erstenmal in einem

---

[1]) Ebendort, 272, Z. 27.

[2]) Das Schreiben, in dem Ludwig dies Ulm mitteilte, legte diese Stadt an Nördlingen bei; leider ist es nicht erhalten; ebendort, S. 272, Z. 39 und 273, Anm. 1.

[3]) „so bedunkt uns, das in nicht we bi den ainungen si"; ebendort, S. 272, Z. 37.

[4]) Ebendort, Nr. 181, Art. 2.

[5]) Er weilte in Heidelberg; für den 29. Sept. ist seine Anwesenheit dort bezeugt, Simon, Grafen von Erbach, Urkundenb. IV, 177.

unverkennbaren Widerspruch zu dem König. Es kann keinem Zweifel unterliegen, dass dieser die Gegnerschaft auch erkannt, dass er eingesehen hat, wem er das Misslingen seines Planes neben den Städten wesentlich zuzuschreiben habe. Bei seinem nächsten Aufenthalt in Frankfurt, nach seiner Krönung in Aachen, auf dem Wege nach Konstanz, hat er in seiner merkwürdigen Unterredung mit dem dortigen Rat deutliche Anspielungen hierauf gemacht [1]).

Die Beratungen wurden auf den Konstanzer Reichstag verschoben [2]) Die Hoffnung des Königs, bei seinem Erscheinen auf dem Konzil auf eine grosse That zurückblicken zu können, war vereitelt. Denn eine grosse That wäre es wirklich gewesen, wenn es ihm gelungen wäre, die Hauptteile des Reichs mit einer festen Landfriedensorganisation zu umspannen. Eine gewisse Einigung des Reichs wäre erzielt, ein grosser Fortschritt erreicht worden.

Seine besondere Hinneigung zu den Städten hatte der Pfalzgraf in Heilbronn auch noch in anderer Art bewiesen. Mit den einzelnen Städten hatte der König dort wegen der Judensteuer verhandelt, aber auch hierbei war er mit der Mehrzahl nicht einig geworden. Das Verlangen der Frankfurter, dass die den städtischen Juden auferlegten Steuern ermässigt werden sollten, versetzten den König in lebhaften Zorn; zwar legte sich der Pfalzgraf ins Mittel zu Gunsten der Stadt, allein ohne Erfolg, das Verlangen der Frankfurter soll, wie Burggraf Friedrich ihren Gesandten erklärte, den König veranlasst haben, nicht über Frankfurt nach Aachen zu ziehen [3]).

Nachdem Heilbronn dem König in Gegenwart des Pfalzgrafen und anderer Fürsten gehuldigt [4]), zog dieser mit Sigmund am 16. Oktober [5]) wieder nach Speier, wo der bekannte Ge-

---

[1]) Wenn er hier am 13. Dez. dem Rat erklärt, dass er mit seinen Landfriedensverhandlungen bei den weltlichen Fürsten „grossen anstant" habe — D. R. A. VII, 179, Art. 11 —, so kann er nur den Pfalzgrafen und Graf Eberhard meinen.

[2]) Kerler, D. R. A. VII, S. 224.

[3]) Jäger, Gesch. d. St. Heilbronn (1828) I, 179 und D. R. A. VII, 160.

[4]) Jäger 180, D. R. A. VII, 160.

[5]) D. R. A. VII, 159 und 160.

leitsbrief für Huss ausgestellt worden ist[1]). Hier übergab er seinem Herrn zu all den grossen Summen, die auf den zahlreichen Reichspfandschaften schon hafteten, noch weiter den Betrag von 8000 Gulden[2]). Da er hierbei die Versicherung erhielt, dass alle Pfandschaften nur gemeinsam vom Reich wieder eingelöst werden sollten[3]), so war an eine Rückkehr dieser Pfandschaften zum Reich überhaupt nicht mehr zu denken und ihr Besitz für ihn für die Zukunft gesichert,

Nach Speier war auch Erzbischof Johann vom König geladen; doch weder hier noch in Mainz erschien er, angeblich wegen Krankheit[4]). Ob diese nur eine fingierte war, wer will es entscheiden? Sollte nicht Eberhard Windeck's[5]) Bericht, Johann habe sich nicht gezeigt, da ihm vor Sigmund „grusete"[6]), doch eine Wahrheit enthalten und sich auf diese Tage in Speier und Mainz beziehen, Windeck die letzteren also mit den Tagen im Juli und August verwechselt haben. So erklärt sich dieser Zusammenhang ungezwungen[7]). Indessen finden wir den Erzbischof unmittelbar danach doch wieder beim König; in Koblenz vollzog sich eine äusserliche Versöhnung. Noch mehr: beide schliessen ein Bündnis auf Lebenszeit und ver-

---

[1]) Okt. 18., Von der Hardt, Concilium Constantiense IV. p. 12.

[2]) Dat. Speier, 1414, Okt. 22., J. G. Lehmann, Urkundl. Gesch. d. Burgen und Bergschlösser der bayer. Pfalz, I, S. 14 und 230, II, 69 V, 107. Zugleich gab Sigmund seinen Willebrief als Kurfürst von Brandenburg; Lehmann II, 69.

[3]) Den Consens zu dieser Verpflichtung Sigmunds, die Pfandschaften nur im ganzen einzulösen, gab der Kurfürst von Trier dem Pfalzgrafen am 6. Nov. in Aachen; Görz Reg., S. 139.

[4]) Schliephake V, 207.

[5]) So, nicht Windecke, mit A. Wyss, Eberhard Windeck und sein Sigmundbuch, Centralblatt für Bibliothekswesen XI (1894), S. 403, im Gegensatz zu Hagen und W. Altmann, dem neuesten Herausgeber der Chronik Sigmunds.

[6]) Eberhard Windeckes Denkwürdigkeiten zur Gesch. des Zeitalters Kaiser Sigmunds; hg. von W. Altmann, § 58.

[7]) Menzel, Schliphake V, 204, und noch kürzlich Altmann in seiner Windecke-Ausgabe, S. 52 Anm. 2, verwerfen jene Worte Windecks, weil Johann im Juli und August vor dem König erschien, doch liegt hier zweifellos nur eine Verwechslung Windecks vor, die nur zu leicht möglich war, da Windeck den Tagen nicht beigewohnt hat, und deren im Jahre 1414 eine ganze Anzahl abgehalten worden sind.

sprechen einander, alle bisherigen Streitigkeiten fallen zu lassen und einander „in Treue beholfen und beraten" zu sein [1]). Hiernach endlich, also doch noch vor seiner Krönung, bestätigte der König in Bonn dem Erzbischof die Freiheiten seines Stifts und alle Privilegien, er ernannte ihn sogar zum Landvogt in der Wetterau [2]). Wie äusserlich aber diese Versöhnung gewesen ist, ergiebt die Thatsache, dass Johann, nachdem er dies erreicht, den König sogleich verliess und der Krönung in Aachen fernblieb, andererseits der Umstand, dass Sigmund sich nicht abhalten liess, die Ernennung des Erzbischofs zum Landvogt der Wetterau durch die Bestallung des Grafen Philipp von Nassau zum Vogt von Wetzlar zu durchkreuzen [3]).

Kurfürst Ludwig begleitete auch dieses Mal den König wieder den Rhein hinab [4]). In Aachen wohnte er der Krönung am 8. November bei [5]). In üblicher Weise empfing er danach die Bestätigung der Kur-Privilegien und Gerechtsamen [6]), der Kurwürde, des Erztruchsessenamtes und des Wahlrechts für sich und das ganze pfälzische Haus (in einer sogenannten goldenen Bulle), nebst der Konfirmation der Bestimmungen Karl IV. über das pfälzische Erbrecht [7]).

Jetzt scheinen sich die Wege des Königs und des Pfalzgrafen zunächst getrennt zu haben. Während ersterer sich nach Köln, Ende November in die Wetterau, von dort nach Konstanz begab, ist Ludwig noch in Heidelberg anzutreffen [8]);

---

[1]) Okt. 29.
[2]) Nov. 1; s. Schliephake V, 207.
[3]) Schliephake V, 209 und 210.
[4]) Und zwar mit 200 Lanzen und Aufwand grosser Kosten; D. R. A. VII, 237, Art. 4. Unzweifelhaft traf Ludwig zusammen mit dem König am 4. Nov. in Aachen ein, doch können wir erst für den 6. Nov. seinen Aufenthalt dort nachweisen; s. oben S. 51 Anm. 3.
[5]) Die Kurfürsten nahmen ausser Wenzel und Johann an der Feier teil. Ludwig hatte „den appil, ein cruze darof als ein pfalzgrafe, mit eime langen roden mantil, ein rode kogil, im roden hut alles mit hermeln gefudert"; s. D. R. A. VII, 167.
[6]) Lünig, Deutsches Reichsarchiv VIII, S. 148.
[7]) Tolner, Historia Palatina, Codex dipl. p. 93; Rymer, Foedera IX, 173.
[8]) Dort urkundete er Dez. 11., s. Simon, Grafen von Erbach, Urkundenb. Nr. 178.

erst im neuen Jahr, als die Thätigkeit des Konzils längst begonnen, zog er dem König dorthin nach.

Blicken wir an dieser Stelle noch einmal zurück auf das Verhältnis zwischen dem Pfalzgrafen und dem König bis zum Konstanzer Konzil.

Die Königswahl hatte ein engeres Verhältnis zwischen ihnen begründet. Der Pfalzgraf war die festeste Stütze des neuen Reichsoberhaupts geworden, der einzige, auf den sich der König wirklich schien verlassen zu können. Von den Genossen des Kurfürsten betrachtete sich der Böhme selbst noch als König, der Sachse hatte Sigmund als römischen König anerkannt, ohne ihm näher getreten zu sein; fern stand ihm auch der Kurfürst von Köln, der den erzbischöflichen Sitz zur Zeit der Königswahl inne hatte, erst mit Erzbischof Dietrich trat eine Veränderung ein. Das feste Ausharren Werners von Trier bei dem Erwählten war angesichts seiner Leistungsfähigkeit nicht hoch anzuschlagen. Die Haltung des Mainzer Erzbischof ist zur Genüge gekennzeichnet worden. Nur noch mit dem zukünftigen Markgrafen von Brandenburg, dem Burggrafen Friedrich von Nürnberg, vermochte Sigmund zu rechnen, allein zur Zeit war dieser nicht im stande, in die Angelegenheiten des Reichs wirksam einzugreifen, weil er als oberster Hauptmann in der Mark durch deren Verhältnisse vollständig in Anspruch genommen war; erst seit dem September 1414 ist er wieder an der Seite des Königs, allein auch jetzt hat er einen entscheidenden Einfluss auf die Regierungshandlungen noch nicht gewonnen.[1])

Der Vertrauensmann des Königs aus der Zahl der Kurfürsten hat in dieser Zeit also nur der Pfalzgraf sein können und ist es gewesen, als Stellvertreter des Königs während dessen Abwesenheit in Italien, als Mandatar des Königs in den deutschen Angelegenheiten und als Hüter und Schirmer des Friedens im Reich im Auftrag und im Sinn des Königs;

---

[1]) Franklin, S. 85 ff., Riedel, Zehn Jahre ... S. 195 und Gesch. d. preuss. Königshauses II, 221 und Droysen I, 227 haben zwar einen solchen entdecken wollen, jedoch haben sie Lenz, S. 61 ff., und Brandenburg, S. 84 ff., widerlegt.

er war der erste Fürst, der den König bei seiner Rückkehr aus Italien in Strassburg begrüsste, er ist bis zu der Reise nach Konstanz an der Seite König Sigmunds geblieben. Das englische Bündnis endlich ist vornehmlich durch seine Vermittlung zu stande gekommen.[1])

[1]) Lenz, S. 60, wies schon auf Ludwigs reges Verhältnis zu Sigmund hin: „Niemals stand dem König Sigmund irgend ein deutscher Fürst treuer zur Seite, als im Sommer 1414 nach seiner Rückkehr aus Italien" Ludwig. In der Beleuchtung der späteren Ereignisse wird nur die „Treue" weniger stark zu betonen sein.

Lebenslauf.

Zu Köln am Rhein am 2. November 1867 von evangelischen Eltern geboren, erhielt ich meine erste Schulbildung in der Elementar- und der Lateinschule zu Meisenheim am Glan. Erst seit 1883 besuchte ich das Gymnasium zu Neuwied am Rhein. Ostern 1889 verliess ich mit dem Zeugnis der Reife diese Anstalt, unter deren verehrten Lehrern ich vor allem Herrn Prof. Vogt, jetzigen Direktor des Gymnasiums nenne, dem ich neben dem jetzt in Marburg wohnenden Herrn Landgerichtsrat Wilmanns die erste Anregung zu geschichtlichen Studien verdanke. Nach einer langwierigen Krankheit bezog ich Ostern 1890 die Universität Göttingen und nach drei Semestern die Universität Giessen. Noch einmal (1894) wurde ich fast ein Jahr durch Krankheit in meinen Studien unterbrochen.

Ich widmete mich besonders dem Studium der Geschichte, Geographie und Germanistik. Vorlesungen hörte ich in Göttingen bei den Herren Professoren Dr. Dr. Weiland, von Kluckhohn, Steindorff — welche drei durch einen allzufrühen Tod der Wissenschaft leider schon entrissen worden sind, — Frensdorff, Heyne, Roethe, G. E. Müller und Baumann; in Giessen bei den Herren Professoren und Dozenten Dr. Dr. Höhlbaum, Oncken, Sievers, Behaghel, Matthaei, Siebeck, Sauer und Ule. Ausserdem beteiligte ich mich an den Übungen der Herren Professoren Weiland, Steindorff, Kluckhohn, Höhlbaum, Oncken, Sievers und Behaghel, sowie an dem deutschen Proseminar der Herren Professoren Heyne und Roethe.

Allen genannten Herren, insbesondere Herrn Professor Dr. Höhlbaum, sage ich für die vielfache Anregung und Förderung meiner Studien meinen wärmsten Dank.